Audrey Hepburn

奥黛丽·赫本传

艾米 著

台海出版社

图书在版编目（CIP）数据

奥黛丽·赫本传 / 艾米著. -- 北京：台海出版社，2018.8

　　ISBN 978-7-5168-2039-1

　　Ⅰ.①奥… Ⅱ.①艾… Ⅲ.①赫本(Hepburn, Audrey 1929–1993)—传记 Ⅳ.①K835.615.78

　　中国版本图书馆CIP数据核字(2018)第171914号

奥黛丽·赫本传

著　　者：艾　米

责任编辑：武　波　童媛媛　　　　　装帧设计：李四月
版式设计：李四月　　　　　　　　　责任印制：蔡　旭

出版发行：台海出版社
地　　址：北京市东城区景山东街20号　邮政编码：100009
电　　话：010—64041652（发行，邮购）
传　　真：010—84045799（总编室）
网　　址：www.taimeng.org.cn/thcbs/default.htm
E－mail：thcbs@126.com

经　　销：全国各地新华书店
印　　刷：三河市金轩印务有限公司
本书如有破损、缺页、装订错误，请与本社联系调换

开　　本：710mm×1000mm　　　　　1/16
字　　数：172千字　　　　　　　　　印　张：15.75
版　　次：2018年10月第1版　　　　　印　次：2018年10月第1次印刷
书　　号：ISBN 978-7-5168-2039-1

定　　价：48.80元

1929.5.4

1993.1.20

Audrey Hepburn

奥黛丽·赫本

优雅是唯一不会褪色的美。

Elegance is the only beauty that never fades.

生平／简介

grace

goodness

Audrey Hepburn

奥黛丽·赫本

dedicated

时尚达人
grace

奥黛丽·赫本与纪梵希先生有着长达半个世纪的合作，引领了一个世纪的时尚风格。

奥黛丽·赫本影响并改变了半个多世纪以来人类的审美与时尚潮流；有"时装圣经"之称的时装杂志《VOGUE》曾以 29% 的得票率，将她评为"世界时尚名人"第一名。人人都认为奥黛丽·赫本高贵而优雅，她的美丽永恒不变；提及时尚，人人都会立刻想起她。

敬业先锋
dedicated

获得两届奥斯卡金像奖，出演 26 部电影，对待工作的敬业勤恳同样让人难忘。

两度获得奥斯卡最佳导演奖项的比利·怀尔德曾言，赫本身上呈现的是一些消逝已久的品质，如高贵、优雅与礼仪等。"连上帝都愿意亲吻她的脸颊，她就是这样一个讨人喜欢的人。"时尚杂志《ELLE》将赫本评选为"有史以来最美丽女人"第一名。

慈善大使
goodness

她晚年受邀出任联合国儿童基金会慈善大使，为第三世界的妇女与儿童争取权益。

她带给世界的爱与感动并不仅限于自身的品行。她以非美国公民的身份，获得美国公民的最高荣誉"总统自由勋章"；联合国也在总部为她树立起一座塑像，并命名为"奥黛丽精神"，她是唯一获此殊荣的人。

The Spirit of Audrey

奥黛丽

—

精神

2 0 0 2 . 5

For a slim figure, share your food with the hungry.
想要拥有一个苗条的身材，把你的食物与那些饥饿的人分享。

目录
—
Audrey Hepburn

The most important thing is to enjoy life to be happy.
最重要的是要享受生活，要快乐。

第四章　站在旁观者的立场看自己

第五章　有时相逢是为了别离

A u d r e y   H e p b u r n

Nothing is impossible; the word itself says 'I'm possible'!

万事皆有可能，“不可能”的意思是“不，可能”。

God kissed the cheek of a girl

第一章

上帝亲吻了一个女孩的脸颊

布鲁塞尔最好的季节

奥黛丽·赫本曾经说过一句话："万事皆有可能，'不可能'的意思是'不，可能'。"

简单的一句话，却足以感动天地，让命运之轮为之扭转。曾经，她只是一个普通的小女孩，在岁月的摇篮里做着芭蕾舞的梦。无论在多么艰难的环境里，她始终坚守着最初的执着。

正是这一份执着，让她个人的生命成了世界的传奇。

1953 年 8 月 27 日，奥黛丽·赫本主演的处女作《罗马假日》在纽约上映，很快又在葡萄牙、意大利、中国香港等地上映。这部黑白影片就像一场醉人的风暴，很快席卷了整个世界。

影片中，奥黛丽饰演美丽的安妮公主。她高贵、优雅，又活泼、淘气，在约束与自由的夹缝中探寻爱情的气息。那双迷人的眼睛成了多少人心中的梦，清爽的短发、简单的白衬衫、类似芭蕾舞鞋的平底鞋，一时间在时尚界掀起了巨浪。

奥黛丽在这部影片中的完美演绎让她一夜之间红遍了世界。《罗马假日》就像一颗投入湖心的石子，让她原本平静的生活激起了千层浪。

回溯时光的轨迹，这个美丽的生命要从西欧的一个美丽城市——布鲁塞尔说起。它是比利时的首都，也是比利时最大的城市。城市给人的一般印象都是喧嚣的、吵闹的，但是布鲁塞尔却不一样。它像一个美好的少女，虽然繁华，却有一份醉人的宁静。

1929 年 5 月 4 日，在布鲁塞尔的一座豪华宅邸里，一声婴儿的啼哭宣告了一个美丽天使的降生。她就是后来享誉世界的好莱坞巨星奥黛丽·赫本。

5 月，正是布鲁塞尔最好的季节。金光灿灿的阳光暖洋洋的，将世间万物都镀上了一层金色，每一个细节都充盈着无尽的美好。

布鲁塞尔的每一个细节都有着一份纯净的优雅，那里的人们也总是彬彬有礼而富有浪漫气息。在奥黛丽·赫本身上，我们同样能看到这样的特点。在布鲁塞尔，每年都会举行国际音乐节、假面舞会、音乐戏剧表演等。在人们的生活中，总是洋溢着一股浓浓的艺术气息。

这样的环境，也在无形中渗透进了奥黛丽的心里。

关于奥黛丽的名字一直存在很多个版本，直到她的儿子肖恩为她写的传记《天使在人间》面世，关于她名字的争议才算尘埃落定。奥黛丽出生时的名字是"奥黛丽·凯瑟琳·鲁斯顿"，这也是她出生证明上所写的名字。

后来她的父亲约瑟夫·维克多·安东尼·鲁斯顿在一些家族资料中发现祖先的姓氏中含有"赫本"，便将"赫本"加入到自己的姓氏里，所以身为女儿的奥黛丽，名字里也要加上"赫本"。这样一来，她的名字全称就变成了"奥黛丽·凯瑟琳·凡·赫姆斯特拉·赫本－鲁斯顿（Audrey Kathleen van Heemstra Hepburn-Ruston）"，现实生活中用起来比较麻烦，就直接简化成"奥黛丽·赫本"了。

奥黛丽的父亲是英国人，当时任职英格兰银行布鲁塞尔分行的总经理。奥黛丽的母亲艾拉·凡·赫姆斯特拉是荷兰王室直系贵族的后裔，因为这个贵族的身份，她的名字后面要加上男爵夫人的称号，在与奥黛丽的父亲结婚之前，她曾经有过一次婚姻，并拥有了两个儿子，所以奥黛丽就有了两个同母异父的哥哥：大她八岁的大哥亚历山大（Alexander）和大她四岁的二哥伊恩（Ian）。

贵族的血统加上艾拉本身高贵而典雅的气质，让她有一种独特的魅力。因为第一次婚姻的失败，艾拉决定把自己的一切都奉献在孩子身上。她是那样热爱着自己的孩子们，为了他们的健康成长，她甚至可以牺牲一切。在奥黛丽的成长道路上，母亲艾拉所给予她的良好教育是不可忽视的。在奥黛丽身上，我们能看到艾拉的影子。

艾拉曾经梦想成为一名女演员，但是因为贵族的身份地位而遭到了家人一致的反对。没想到多年以后，她的梦想竟然在女儿的身上实现了。奥黛丽身上有着母亲那样的贵族气质，有着那份摄人心魄的魅力。同时，她也像母亲那样热爱着自己的家庭，热爱自己的孩子。

奥黛丽一生并非一帆风顺。仿佛是上帝专门要考验这个降临人间的小天使，她刚出生六周，就遭遇了百日咳的折磨，甚至险些丧失生命。

对于婴儿，百日咳是非常常见的一种疾病。这种病如果得不到及时的治疗，很容易引起肺炎、肺气肿等并发症，严重的甚至会导致死亡。在20世纪二三十年代，欧洲的医疗技术水平已经有了很大的提高，但是与今天相比依然存在着巨大的差距。那时候，百日咳这种疾病经常会威胁到新生儿的生命。

更要命的是，艾拉是个虔诚的基督教信徒，她相信精神治疗会让奥黛丽康复起来。所以她并没有带奥黛丽去医院治疗，而是虔诚地向上帝祷告，保佑自己的女儿赶快好起来。

然而，上帝似乎并没有听到她的祷告。没有得到及时医治的奥黛丽健康状况越来越糟糕，小小的身体跟随着剧烈的咳喘不停地颤抖着。那颤抖的幅度先是越来越大，后来又渐渐变小，最后居然停止了。

更为可怕的是，小小的奥黛丽竟然没有了呼吸！

这种状态把奥黛丽的家人吓坏了。艾拉一面在心里向上帝虔诚地祷告着，一面拼命拍打孩子的屁股。或许直到那最危急的时刻，上帝才听见她的祷告，又或许，是这个美丽的天使还没有完成她在人间的使命，奇迹发生了，本来已经停止呼吸的小奥黛丽又渐渐有了呼吸，先是微弱的一点点，然后就渐渐顺畅了。

后来，小奥黛丽的身体一天天康复起来。在医学上，这几乎是一个奇迹！没有任何药物治疗，没有任何医生医治，她竟然奇迹般地战胜了体内的病魔。

长大后的奥黛丽对那段恐怖的经历并没有什么印象，毕竟那时候她还只是一个出生刚六周的婴孩。但是多年来母亲经常提起，连她自己也不得不感到叹服。

她曾经和儿子肖恩这样说："如果将来我要写自传，开头会是这样：1929 年 5 月 4 日，我出生在比利时布鲁塞尔……六周后，我告别人世。"

奥黛丽成名后，常有人登门造访，劝她写一本自传——这不仅能记录下奥黛丽的真实生活，同时也能带来一笔不小的收益。但是每一次，奥黛丽都委婉地拒绝了。她认为自己的生活很平淡，除了幼年时那场濒死的经历以外没什么好写的。

当百日咳的阴影逐渐散去后，奥黛丽便像一朵优雅的兰花一样袅袅娜娜地生长起来。

幼年的奥黛丽生活还是很快乐的。她的家庭比较富裕，她也接受了良好的教育。奥黛丽充分继承了父母身上的高贵气质，举手投足之间总有着一份别样的风韵。

童年，永远是每个人最快乐的时光。在那段单纯的岁月里，小奥黛丽无忧无虑地成长着，不必为柴米油盐的事情烦恼，也不必为感情的纠葛而伤心。她可以无拘无束地哭或笑，每一寸阳光都打上了幸福的记号。

因为父亲工作的关系，幼年的奥黛丽经常随同父亲在英国和荷兰之间旅行。那些经历在她年幼的心上留下了一片美好的回忆。童年的奥

——布鲁塞尔的天空

黛丽活泼可爱，胖嘟嘟的小脸格外惹人喜欢。她常常和哥哥们做游戏，甚至有时候会像男孩子一样爬到树上去。

在相貌上，奥黛丽继承了父亲的特点。她有着棕色的头发和棕色的大眼睛，与那些金发碧眼的女孩相比，有着东方女孩特点的小奥黛丽常常令身边的人感到惊奇。她就像一个小小的花苞，让人隐隐感觉到一种即将盛放的别具一格的美。

或许是因为布鲁塞尔独特的艺术氛围，奥黛丽小时候就表现出了对音乐的喜爱。每当艾拉用留声机播放当时著名的管弦乐队演奏的经典名曲时，小奥黛丽总会认真而陶醉地听起来。

渐渐长大的小奥黛丽对音乐表现出了越来越强烈的兴趣，尤其是古典音乐。每当音乐响起，奥黛丽总是欢快地随着音乐的节奏挥舞起自己的小手。有一次，她听着优美的音乐，满脸天真地问母亲："音乐有什么用？"艾拉随意说道："为了跳舞呀！"

母亲那句随意的话，在奥黛丽心里留下了深刻的印象。或许从那一刻开始，小奥黛丽就已经开始了对舞蹈的迷恋。

奥黛丽小时候身体不好，直到2岁多才学会走路。这个刚刚学会走路的小家伙异常兴奋，虽然走得摇摇摆摆的，但是却乐此不疲。

有一次，艾拉带着女儿在英国福克斯通的一个公园里玩。那是一个难得的晴天，很多人带着孩子和小狗到公园里晒太阳。对于小奥黛丽来说，周围的一切都是那么新鲜，那么有诱惑力。她兴奋地追逐着活泼的小狗，一个人玩得格外开心。

正巧艾拉遇见了一个朋友，两个人便在林荫路旁聊起天来。过了好一会儿，艾拉才忽然发现女儿不知道跑到哪里去了！她赶紧到处寻找，忽然听见远处的草坪上传来了一阵军乐队吹奏的流行音乐声，还围着很多看热闹的人。艾拉想女儿会不会也跑去听音乐了，便跑过去寻找。

当艾拉跑到人群旁时，眼前的一幕让她惊喜不已：女儿果然在那里，而且被很多人围了起来，小奥黛丽正在随着音乐跳舞！那是一种天真而稚嫩的舞蹈，是小奥黛丽自创的，小小的身子扭来扭去，手脚都在不停地舞动着。人们纷纷称奇，"这个小家伙是谁家的孩子？多可爱！"

艾拉终于放心了。看着女儿投入地跳着舞蹈，听着人们由衷的赞叹声，她不禁感到格外自豪。

平时，艾拉对女儿的管教很严格，只是因为她对女儿寄予了很大的希望。她对奥黛丽寄予的希望甚至比对两个儿子还要强烈，或许也是因为女儿对艺术表现出来的格外热爱，让她心中曾经灼热的梦想得到了延续。

_他转身离去，刻下一生忧伤

时间一天天过去，小奥黛丽也一天天长大。小时候的她长得胖乎乎的，煞是可爱。在大人眼中，她是个典型的乖乖女。她喜欢和小草、大树、小鸟、猫咪、小狗等说话。的确，在孩子眼中，世界上的每一件东西都是有生命的，都可以成为自己的玩伴。小奥黛丽会把周围的一切融合进想象的空间，在她小小的心里，总是有着一个别样的梦幻世界。

她依然迷恋着音乐。神奇的留声机，总是能将小奥黛丽心中的世界染得五彩缤纷。那时候的她热爱巴赫和贝多芬的名曲也迷恋流行音乐的绚丽色彩。她喜欢和母亲一起去欣赏皇家大会堂管弦乐队举办的音乐会。这是一支著名的乐队，他们经常在阿姆斯特丹举办音乐会，也时常把美好的音乐带到布鲁塞尔这个美丽的地方。

时间飞逝，转眼小奥黛丽已经 6 岁。这本该是一个天真烂漫的年纪，但是一件让她终生无法释怀的事情，却如一个晴天霹雳落在了这个小女孩的身上。

小时候的奥黛丽很喜欢和父亲在一起。在电影《奥黛丽·赫本的故事》里有这样一个画面：小奥黛丽看见大人都随着悠扬的舞曲翩翩起舞，便也要求和爸爸一起跳舞。于是爸爸宠溺地用一只手将她抱起来，另一只手握着她的小手，就像两个大人一样跳起优美的舞蹈来。

相信那个美好的画面在每一位观众心里都留下了深刻的印象。我们能感受到浓浓的父爱，也能感受到一个天真女孩无比幸福的心情。

然而可爱的女儿并不能留住父亲的心。她的父亲约瑟夫是一个法西斯主义的崇拜者，为了所谓的政治，他可以放弃自己美好的家庭。这与艾拉形成了鲜明的对比，艾拉是以家庭为重的人，无论在什么时候，她总会把家庭放在第一位。所以，即使经常与丈夫吵架，她也从未想过离婚。

争吵是因为还有在一起的理由，如果有一天连争吵都没有了，那才是缘分真正走到了尽头。在奥黛丽的父母之间，这一天终于还是到来了。

1935 年的一天，约瑟夫决绝地离开了这个家，离开了年轻美丽的妻子，离开了娇小可爱的女儿。

奥黛丽的两个哥哥对此很是坦然。但是对于奥黛丽来说，这却是她一生都无法抚平的伤痛。她一直觉得，这是她一生中最大的创痛。长大后的奥黛丽这样说道："看着母亲的脸庞布满泪痕，你会因此惊吓不已。心想'接下来，我该怎么办？'你脚下站立的土地似乎离你而去……父亲真的已经远走。他就这样走了出去，永远也不会回来。"

为了能延长奥黛丽与父亲在一起的时光，夫妻双方同意让奥黛丽和父亲在伦敦度过离婚法庭判定的大部分监护期。

伦敦是一个既有古典浪漫气息，又不乏潮流时代感的城市。每当夜幕降临，这里总是霓虹闪烁，各种各样的娱乐场所也成了人们聚集的地方。在伦敦西区的剧院里，音乐戏剧也常常能吸引大量的观众。

奥黛丽最喜欢的剧目是圣诞哑剧。这是英国一个很独特的娱乐节目，故事改编于荒诞剧中的人物，一般都是男扮女装或者女扮男装。但是对于孩子来说，最吸引他们的则是剧中豪华而奇妙的布景变化，这使天真而充满幻想的孩子们兴奋不已。

不过，再美好的事物也只是外界的，它们难以抚平受伤的心灵。父母的离异，让本就沉默寡言的奥黛丽变得更加内向。她很少说话，那份与年龄极不协调的安静让她的母亲感到恐慌。

为了让女儿开朗起来，艾拉决定将她送到英国伦敦的贵族学校寄宿。每到假日，奥黛丽就住在一个矿工的家里，这样便于她学习英语并适应英国的生活习惯。小奥黛丽从 1935 年到 1938 年主要是在这所学校度过的。

陌生的环境，陌生的同学，小奥黛丽不得不努力去适应这所学校里的一切。开始，小小的她英语说得很不好，并带有浓重的荷兰口音。在那些金发碧眼的孩子中间，棕色头发的小奥黛丽总是手足无措。沉默而羞怯的她很快成了其他孩子们眼中的另类，并常常被捉弄。这让小奥黛丽更加内向，受了委屈也只是悄悄流眼泪，不和任何人说。

奥黛丽希望能多和父亲在一起，但是忙于各种事务的约瑟夫却很少有时间陪女儿，这让小奥黛丽的孤独感越来越强烈。小时候的她长得有些胖，个子也很矮，这样的外貌让奥黛丽有些自卑。随着年龄的增长，小奥黛丽终于长高了一些，但是肥胖依然困扰着她。更重要的是，她非常喜欢吃巧克力，在身材与美味的巧克力之间，她选择了后者。

所幸，在这所学校里，奥黛丽还是学到了很多重要的东西，那是她绚丽人生的基石，尤其是英语的学习，对她以后的演艺道路起到了至关重要的作用。

母亲的教育让奥黛丽受益终生。长大后的奥黛丽自强自立，无论面对怎样的困难，她都无所畏惧。对于一些东方母亲来说，或许会觉得这样的教育方式有些残忍，很多时候，她们习惯于为孩子铺好每一步路，而不是教给孩子们怎样去铺路。艾拉应该成为很多母亲的榜样，她从不会过分地溺爱女儿，而是教给奥黛丽怎样去做一个独立的人。

_足尖上的高贵天鹅

在小奥黛丽的心中，芭蕾是一个美丽的梦。每当她看见那种优美的舞蹈，总会幻想自己穿上美丽的舞衣，在灯光下翩翩起舞。

童年时代的奥黛丽长得胖胖的，这使得她对自己的身材很不满。即便是那张被人们公认为天使的脸蛋，她同样是不满意的。她觉得自己的眼睛长得太大，牙齿也很不整齐。多年以后，当她已经成为好莱坞巨星的时候，她依然对自己的牙齿非常不满意，所以每当面对镜头的时候，她总是微微地笑，很少把牙齿露出来。不过，这样的奥黛丽反而给人们留下了美丽而神秘的印象，很多人甚至还模仿她那不露牙齿的甜甜微笑。

1938 年，奥黛丽已经 9 岁，母亲送她去学习芭蕾舞。小奥黛丽对芭蕾舞投入了极大的热情，学习起来非常认真。舞蹈，似乎成了她生活里唯一的追求。快速地旋转、跳跃，让她孤僻的内心情感找到了一个发泄的途径。当别人都在用嘴巴说出自己内心的想法时，小奥黛丽却用优美的舞姿来表达自己的内心世界。

奥黛丽学得很快。她严格地要求自己，对每一个动作都近乎苛刻地练习。成为一名芭蕾舞演员，成了她童年时代的全部梦想。

然而，在那个烽烟四起的年代里，一个小女孩的梦显得那么渺小。伦敦的每个人都能敏感地觉察到渐渐逼近的火药味，小奥黛丽也不例外。她的父亲约瑟夫一直是亲法西斯的，甚至经常参加一些法西斯分子的游行活动。

1939 年 9 月 1 日，纳粹德国以闪电战突袭波兰，第二次世界大战打响了。约瑟夫开始更加狂热地追随希姆莱等危险分子，小奥黛丽几乎见不到父亲。奥黛丽的母亲非常担心女儿的安危，她害怕万一德国入侵英国，奥黛丽会成为战俘，而约瑟夫的亲法西斯的活动很可能会给女儿带来麻烦。

为了能保证女儿的健康成长，艾拉向法院商议要求监护女儿奥黛丽·赫本。她的要求得到了允许，于是很快，艾拉就带着奥黛丽离开了伦敦，来到了荷兰紧挨着德国边界的一个小城——昂赫姆。

在电影《奥黛丽·赫本的故事》中，我们看到这样的场景：奥黛丽即将上飞机，约瑟夫与女儿在机场分别。那一别，成了奥黛丽一生永远的痛。她依恋父亲，但是在父亲眼里，政治却是摆在第一位的，小小的她还不懂得大人的世界。她不明白为什么父亲偏偏要固执地离开自己，离开家庭，在那条被人指责的路上越走越远。

多年以后，已经声名远播的奥黛丽经常被人们追问这样的问题：你的父亲真的是一个法西斯主义者吗？奥黛丽总是会诚实地回答，是的。法西斯主义骗取了很多人的信任，也拆毁了无数的家庭。它之所以能这样迅速地蔓延开来，主要是因为它给人们带来一个虚幻的希望。魏玛政府的软弱无能让人们对法西斯政府燃起了新的希望，却没有想到这希望背后，是万劫不复的毁灭。

"一战"后德国的经济衰退，人们更渴望能快速发展起来，于是对变革的呼吁越来越强烈。在战争刚刚开始的时候，奥黛丽的母亲甚至也曾被法西斯政权迷惑。骗取了大量社会精英的支持，法西斯的势力日益高涨。正是在这样的背景下，法西斯政府出现了。

奥黛丽的父亲只是千千万万的法西斯支持者中的一个。在战争刚刚打响的时候，他就去了英国，但是后来被软禁在一栋房子里，获得自由后去了爱尔兰。他没有回到德国，也许是他已经看清了纳粹的真面目。他支持纳粹，就像坚守一个光明的梦。但是对于希特勒推行的战争和种族大屠杀政策，他从来没有支持过。从一定程度上来讲，他只是加入了这个政党，但是从来没有像那些法西斯分子一样去残忍地迫害他人。

奥黛丽与父亲在机场的那一别，被二十年的时光雕刻成她童年最大的遗憾。多年来，奥黛丽对父亲一直念念不忘。她深爱着自己的父亲，一直努力通过各种途径寻找父亲的身影。结婚后，她的丈夫梅尔·费雷也一直通过红十字组织来寻找她父亲的下落，他知道，这是妻子心中未了的心愿，就像一个结，一直打不开。

后来，梅尔终于通过红十字组织找到了奥黛丽的父亲约瑟夫的下落，原来老人正在爱尔兰。这么多年，尽管他不和家人联系，但是一直通过报纸来了解女儿的生活和演艺生涯。梅尔觉得奥黛丽和父亲应该见一见，来化解多年来积郁的心结。当然，这也正是奥黛丽所想。

约瑟夫对这次见面似乎没有太大的热情，只是用没有感情的礼貌用语回答"很高兴可以再次见到奥黛丽"。

很快，在梅尔的安排下，父女二人终于在爱尔兰见面了，然而这场见面，却好像是一次象征性的礼仪。约瑟夫不善于表达自己的情感，看见女儿走过来，他依然像一座雕像一样站着，既没有迎上来，也没有张开双臂拥抱亲爱的女儿。然而奥黛丽和父亲不同，如果不是怕引起父亲的愧疚，她也许会激动地哭出来。那个熟悉而又陌生的身影，让她漂浮了二十年的心终于有了一种归宿感。

奥黛丽常常缺乏安全感，与父亲有着莫大关系。不过，她并没有责备自己的父亲，而是选择宽恕他。她不需要父亲的道歉，只要还能在有生之年见上这一面，便已经足够了。

他们一起吃了午餐，气氛还是比较轻松的。整个下午，他们都在那种"过于轻松"的氛围中度过。梅尔找了个借口说要出去逛逛附近别具风格的商店，以便于给奥黛丽和父亲创造单独聊天的时间。

然而当他再回到酒店的时候，却发现只有奥黛丽一个人在大堂，父亲已经离开了。奥黛丽对梅尔说道："现在我们可以回家了。"关于下午的见面，她一字未提。在飞机上的时候，她忽然对丈夫说，她很感谢他所做的一切，无论如何，这次爱尔兰之行解开了她的一个心结。她不再需要与自己的父亲会面了。

那压抑了多年的心事，终于释怀了。

尽管此后奥黛丽没有与父亲再见面，但是她尽到了赡养父亲的义务，一直在经济上支持着父亲，直到他离世。

当然，这些都是 20 年以后的故事了。奥黛丽在离开英国的时候，与父亲在机场分别。多年以后的奥黛丽依然清晰地记得那架飞机是橙色的，那是荷兰民族的颜色。飞机渐渐远离地面，远离英国，也带着奥黛丽远离了父亲。

走下飞机，脚下已经是荷兰昂赫姆的土地。奥黛丽将会在这里开始六年的生活。因为当时荷兰是中立国，所以艾拉觉得荷兰是比较安全的。

昂赫姆是一个宁静的小城。这里有 12 座敲钟的塔楼，所以人们随处都能听见那祥和安宁的钟声。在星期日或者是假日来临的时候，人们还会听见塔楼里飘出悠扬的乐曲。

第一批英国人是在 1638 年到达这里的，从此安家落户，繁衍生息。所以他们的后代既能说英语，又能说荷兰语。在这个自治地区，英国人后裔是这里居民的重要组成部分，有着举足轻重的地位。

尽管这里英国人很多，但这里还是弥漫着浓浓的荷兰气息。在昂赫姆附近，有一些漂亮的山丘、瀑布等自然风景。在公园里，盛放的郁金香用彩色的笑脸装扮着整个世界。除了这些自然风光，昂赫姆的文化也是一道诱人的美丽风景。

这里有一个著名的艺术画廊，还有一个收藏丰富的博物馆，那些古色古香的城堡更是令人神往。每逢周末，交响乐团总是会演奏一些好听的音乐，让人们的生活更加轻松快乐。这里的英国人很多，他们还成立了一个旨在促进交往的英荷协会，奥黛丽的母亲艾拉还成为了一个分会的会长。

已经10岁的奥黛丽来到昂赫姆后进入了音乐舞园艺术学校的初级班。然而，这所学校的教学质量一般，平庸的教员们并不能让奥黛丽的舞蹈才华得到最大程度的发挥。对于奥黛丽曾经热切追求的梦想来说，这是不幸，但是对于她以后的演艺事业来说，却也是一种幸事。

虽然教学环境与之前在伦敦大不相同，但是奥黛丽依然非常认真地学习着。每一个动作，小奥黛丽都会严格地要求自己。她能用足尖站立甚至快速地旋转，一个小小的舞台，托起了她童年时代最美的梦想。

艾拉对女儿抱着深切的希望。她对奥黛丽的殷切希望与奥黛丽的不懈努力，是日后世界影坛上出现一位新的好莱坞巨星的最主要原因。

奥黛丽遗传了母亲内在的贵族气质，而芭蕾舞又恰到好处地提升了奥黛丽外在的高贵神态。为了能让女儿外在的形象达到完美的状态，艾拉不惜高价给她买了一双精致的鞋子，鞋的脚尖部分用的是非常昂贵的蜡。要想衬托一个女孩的高贵气质当然不只需要鞋子，还必须要有漂亮的衣服。所以，艾拉还给女儿买了最好的长袖紧身衣和短裙。对于那个年代的女孩来说，这些无疑都是非常奢侈的。

母亲的苦心栽培，奥黛丽是最了解不过的。她是个乖巧的女儿，在学习上认真而刻苦，在生活上细致而谨慎。当她决定做什么事情后，就会全力以赴。

奥黛丽梦想着成为一名独舞演员。那个美丽的芭蕾梦在她的心里闪着光，让她温暖着，也兴奋着。

奥黛丽小时候非常崇拜英国的一位小说家拉迪亚德·吉卜林，并对他的《丛林故事》、《正是如此的故事》和《吉姆》等作品陶醉不已。但是当芭蕾成为她心中唯一的梦想时，她崇拜的人物也从作家转换为一些著名的芭蕾舞演员，比如著名的"芭蕾女皇"——安娜·巴甫洛娃、芭蕾舞演员兼编导瓦·强·尼任斯基等。

这个可爱的女孩子并没有像其他女孩儿那样疯狂地迷恋一些电影明星，而是默默地把芭蕾舞星当作自己的偶像。当别的女孩还在痴迷地将自己喜欢的电影明星的照片从报纸杂志上剪下来的时候，她却在勤奋地练习着自己的舞蹈。

童年时代的奥黛丽有一些内向，为了能让女儿专心地学习或者演出，艾拉从来不去看女儿上课，也不去看女儿的演出。艾拉这样做既能消除小奥黛丽的压力感，又能消除她对母亲的依赖感。

母亲的爱让奥黛丽如沐阳光。多年后的她热衷于做一个完美的母亲更甚于一个完美的演员，这与她拥有一个善良而又严格的母亲有着一定关系。

艾拉是一位成功的母亲，她的精心栽培塑造了奥黛丽纯善、严谨的精神。正是因为母亲细致入微的教育，才让奥黛丽完美得无可挑剔。

chapter 2

Happiness is to live to see elatives and sunshine

第二章

幸福就是，能活着见到
亲人和阳光

_磨不坏的木头舞鞋

弥漫着血腥味道的炮火炸红了蔚蓝的天空。战争永远是渴望和平的人们心头的梦魇，尽管那是政治上的问题，但是不关心政治的平民百姓同样要忍受战争所带来的苦难。

所幸，睿智的艾拉总是能带着心爱的女儿躲到最安全的地方。不过，当战火烧遍每一个角落时，就算是最安全的地方也同样布满着危险。作为德国邻国的荷兰，并没有逃脱纳粹的魔爪。1940 年的春天，希特勒就已经准备进攻荷兰和比利时了。

荷兰人和比利时人当然不会坐以待毙。他们做好了反抗侵略的充分准备，一旦遭到侵袭，马上就能调动军队对敌人做出反击。

在昂赫姆的街道上，人们经常看到那些排列整齐的士兵，一些乡村的平原地带，已经拉起了铁丝网。一列列呼啸而过的火车上也常常坐满了被调往前线的士兵。当夜晚来临，那种紧张的气氛在一片安静中会更加强烈。人们经常看到探照灯的光柱从地面一直扫向天空，仿佛穿透了云层，一直刺进茫茫的黑色宇宙。

到4月下旬的时候，昂赫姆已经不再是一座和平而宁静的小城了。爆炸声和枪炮声偶尔会响起，而随着时间一天天过去，这种恐怖的声音出现的频率也从偶尔变成了经常。

那时候奥黛丽已经11岁。战争的恐慌让昂赫姆的每一个人都提心吊胆，即使是这个未谙世事的小姑娘同样明白战争的恐怖性与破坏性。不过，一件令人兴奋的事情让她暂时忘记了战争的阴影：英国最好的威尔士芭蕾舞团要来荷兰访问演出。

顶着炮火的危险前来演出是需要勇气的。但是伟大的艺术家们依然冒着危险前来，而且阵容齐整，在他们身上看不到任何战争的阴霾。

芭蕾舞团的领队是赫赫有名的爱尔兰舞蹈设计家兼演出人耐因梯·德·瓦洛依斯和乐队指挥康斯坦待·兰伯持。参演的舞星有罗伯特·赫尔曼普、马戈特·芳廷和弗利德里克·阿什顿等。

艾拉以英荷协会主席的身份接待了芭蕾舞团。作为艾拉的女儿，奥黛丽见到了很多自己仰慕许久的人物。那种难以抑制的兴奋与激动，给奥黛丽的一生留下了深刻的印象。

1940年5月17日晚，这个芭蕾舞团在昂赫姆举行了演出。

他们表演了《浪子回头》《占星图》《滑冰》等节目。演出非常成功。每一个演员都将自己的最佳水平发挥出来，观众为看到这样高水平的演出兴奋不已。最后一个节目是热情而奔放的塔兰台拉舞，观众们都情不自禁地站了起来。

奥黛丽为这场精彩的演出陶醉不已。她一面为演员们每一个美妙的动作而着迷，一面幻想着自己也站到了那个舞台上，快速地旋转着，小巧的脚尖蜻蜓点水般在舞台上优雅地跳跃着。

然而，这个与德国紧紧相邻的小城已经到了战争的边缘，纳粹军队随时有可能攻打过来。演员们并不为自己的表演而放松，战争的形势不容乐观，当爆炸声和枪炮声在远方响起的时候，大家心里都格外紧张。

演员们在演出结束后还不能马上离开这个令他们提心吊胆的地方，他们还要参加艾拉举行的招待宴会。

艾拉把自己心爱的女儿奥黛丽介绍给大家，并说女儿非常渴望能成为一名舞蹈家。已经11岁的奥黛丽长着大大的眼睛，身着长礼服，举止优雅，这些让她看起来像一个美丽的公主。她向芳廷和瓦洛依斯各献了一束红郁金香，大家对这个小姑娘印象都很好。

本来演员们就急着离开这个地方，而艾拉冗长的讲话却让他们心焦不已，但又不能打断她，只能耐心地听下去。大家实在搞不懂她为什么要滔滔不绝地讲下去。直到很多年以后，在好莱坞的一次晚会上，赫尔普曼才有机会向奥黛丽询问原因。

原来，聪明的艾拉是想到了以后。因为在演出现场，无论是观众里还是宴会上都有很多勾结纳粹的人，如果她故意将舞蹈团滞留在这个随时可能被纳粹攻占的地方，就显得像个亲纳粹的人，即使被纳粹俘获，也可以为自己和女儿开脱。这也为她以后成为昂赫姆抵抗运动的领导人提前准备了一个极好的伪装。

不过，这一次艾拉的做法似乎有些过头了。在舞蹈团离开后的仅仅 20 分钟里，纳粹军队就渡过了莱茵河，入侵了荷兰，双方展开了激烈的巷战。舞蹈团的人差一点没能渡过已经布满水雷的航道回到英国。

纵然荷兰准备得很充分，但还是无法战胜魔鬼一般的纳粹军队。德国人很快占领了昂赫姆，并公开宣称昂赫姆是其第三帝国的一部分。

往日宁静和谐的昂赫姆小城转眼成了沦陷区。德国人控制了这里所有的报纸、电台以及其他一些通信设施。昂赫姆人民的每一个举动，都在德国人的控制之下。一旦有人敢不顺从，马上就会遭到严厉的惩罚。

就在昂赫姆沦陷的第二天，荷兰将军温克尔曼被迫宣告荷兰军队投降。下午，威廉明娜女王流亡伦敦，并在那里建立了流亡政府。

艾拉没敢表现出对纳粹的敌意，但是她当律师的哥哥和她的一个堂兄却遭到了纳粹的迫害，以第三帝国的敌人身份被判处死刑。这件事在艾拉心中种下了仇恨的种子，她在心里默默地发誓，一定要领导昂赫姆人民反抗纳粹的统治。然而表面上，她还是要强忍悲痛，装着风平浪静的样子。

为了对沦陷区进行奴化教育，纳粹德国开除了学校里所有的犹太籍以及"不合作"的教师。教科书也不能再用以前的，旧教科书必须经过严格的审查，或者直接没收，然后换成那些充斥着宣传内容的德国教科书。

于是学生们不得不学习那些晦涩的德语以及德国的历史。这样的学习与生活让孩子们背上了一个巨大的包袱，他们不得不小心翼翼地在敌人的枪口下读书。

所幸，音乐是没有国界的。无论在哪一个国度，无论在哪一个角落，那优美的旋律所承载的感情是一样的。音乐涵盖着生活，涵盖着政治，但是又高于生活与政治。在音乐的海洋里，奥黛丽依然可以享受那美妙的旋律。虽然非德国和非奥地利的作曲家的作品都遭到了禁止，但是巴赫、莫扎特、贝多芬和海顿等人的优秀作品依然可以为人们带来精神上的享受。

优美的旋律里，沉淀着奥黛丽美丽的芭蕾梦。即使是在战争年月，她依然坚守着自己最初的梦想。多年以后，奥黛丽对那段生活依然历历在目。她说道："在战争期间，条件改变了，但人的内心世界是不会改变的，如果在战前你想要成为一个舞蹈家，尽管战争发生了，但想当舞蹈家的决心并不会因此而改变。"

更大的挑战还在后面。他们的生活渐渐拮据起来，1942 年，艾拉的房子被强行征用，财产也被没收了，银行账户被查封，艾拉一家人只能靠德国当局所给的一点象征性的生活津贴维持生活。

那时奥黛丽的大哥亚历山大已经 21 岁，二哥伊恩也已经 17 岁。兄弟俩都拒绝加入纳粹组织，结果已经成年的亚历山大被带到德国劳动营去干活。这场分别让艾拉、奥黛丽和伊恩都分外痛苦。在战火连天的岁月里，没有人知道哪一场离别转瞬就会成为永别。

即使生活已经非常艰难，奥黛丽依然坚持着自己的梦想。渐渐长大的她越发亭亭玉立，少女的美丽就像吐露芬芳的莲花一般袅袅娜娜地绽开。她常常会把邻居家的小孩子集合在一起，教他们芭蕾舞。她的祖父还为此在家里的大厅装上了跳舞的把杆。

后来，奥黛丽开始在公立艺术学校教女孩舞蹈和钢琴。虽然当时的奥黛丽才十几岁，但是她的学生却各个年纪的人都有。舞蹈和钢琴是她的兴趣，同时也能勉强赚些钱，每上一节课，她会得到 5 分钱的微薄收入。

1944 年，纳粹军队几乎横扫了整个欧洲，昂赫姆小城的人民所承受的压迫更强烈，艾拉一家人的生活也更加拮据。奥黛丽跳舞的舞鞋早已磨坏，却没有钱买一双新的。为了能继续跳舞，奥黛丽穿上了一双木头制成的舞鞋——那的确是一双磨不坏的舞鞋，然而脚上所要承受的痛苦也是可想而知的。

那双小小的木制舞鞋里承载着奥黛丽最纯真的梦。从小，她就有着一股不服输的精神，只要梦想在，只要自己还能坚持下去，她就决不会放弃。

多年后的她被人们戏称为"工作狂"，其实也正是源于她不服输的精神。无论做什么，她都严格要求自己，力求达到完美。

从花园城市到人间地狱

战争是一条毒蛇，不要说被它咬上一口，就算仅仅看上一眼，也足够让你毛骨悚然。

1943 年，昂赫姆已经成为重要的战场。硝烟弥漫在城市的上空，遮住了太阳，遮住了光明。

为了抵抗纳粹，昂赫姆人民每天都做着各种努力，就连小孩子也加入到了斗争的行列。因为孩子的目标很小，不容易被敌人怀疑，所以他们充当起了情报员的角色，14 岁的奥黛丽也在其中。他们经常把需要传递的情报藏在衣服的夹层、自行车胎或者马鞍里等。有任务的时候，他们总是非常积极踊跃。昂赫姆的地下组织非常维护荷兰的爱国者，并印刷了一些假配给证和假通行证。

不过，传递情报总是有一定危险性的，一旦被敌人发现，那将会

28

非常麻烦。每一次传递情报，奥黛丽都出色地完成了，就算面对突发情况，也能临危不惧，巧妙应付。1942年的春天，一队英国伞兵降落在他们附近的树林，德国人正展开天罗地网般的搜捕，情况非常危急，但是伞兵却不知道自己面临这样的情况。传递消息这个紧急而艰巨的任务，便落在了她的身上。

13岁的奥黛丽装着玩耍的样子，一路蹦蹦跳跳地穿过树林，顺利地走到伞兵藏身的大石头旁边。没有人会留意一个小孩子，尽管德国军队就在不远的地方，奥黛丽甚至能听见他们说话的声音。德国士兵看到这个无忧无虑的小女孩，只是耸耸肩就走开了。

奥黛丽没有胆怯。她将情报顺着大石头滑过去递给伞兵，然后非常自然地采了一大把野花，又蹦蹦跳跳地往回走。

突然，一个德国士兵出现在奥黛丽的面前。敌人的突然出现让奥黛丽心里有些惊慌，不过既然碰见了，就要勇敢面对，如果直接逃跑的话反而更容易引起他们的怀疑。

聪明的奥黛丽一面甜甜地笑着，一面将手里的花送给那个德国士兵。这个友好的举动让那个德国士兵有些发蒙，他不知所措地用手碰了碰帽子，轻轻地拍了拍奥黛丽的背，然后离开了。

如果不是她的机智与勇敢，也许多年以后，我们就看不到银幕上那张绝美的面庞了。

13岁的奥黛丽已经长得很高了，但是因为食品短缺，人们常常食不果腹，奥黛丽严重营养不良，瘦得仿佛只剩下一副骨头架子。

奥黛丽对那段可怕的生活永生难忘。她曾经亲历过一次极其残酷的战争：陆军少将罗伯特·厄格哈特率领的英国空运支队空降夺桥的战役。

那天，灰色的天空中飘洒着蒙蒙细雨。奥黛丽正和同学们在一起，他们忽然看见天空中飘下来许多"小蘑菇"。那正是英国的伞兵。德军的炮火对伞兵展开了疯狂的扫射，转眼间，往日熙熙攘攘的街巷血流成河，一个又一个鲜活的生命倒下去，瘫成一具具冰冷的尸体。

黑色的恐怖弥漫着整个昂赫姆小城。人们哭号着，奔逃着，小孩子跌倒了，哭着抓住大人的裤脚，炮火声仿佛就在耳边炸响，燃烧的火焰炙烤着人们的心，慌乱的脚步踏过尸体的脊背……奥黛丽和母亲、哥哥一起躲到地下室，但他们还是能听见外面的惨叫声与炮火声。

纳粹军就像发疯的猛兽一般对英国军队展开了猛攻。十分之一的英国伞兵丧生在纳粹的枪炮声中，那些幸存的伞兵在地下组织的掩护下一点点撤退。仅仅在一个小时之内，纳粹军队就用了上千发炮弹。转眼间，昂赫姆从一个美丽的花园城市变成了人间地狱。

这次战役让德国军队意识到了昂赫姆地下组织与英国军队联合起来的可怕性，他们决定将昂赫姆的所有居民全部迁出，包括老人、小孩，甚至在医院的病人。他们要求所有人必须在24小时之内离开，否则格杀勿论。

昂赫姆的人民就像牛马一样被德国人赶出了他们辛辛苦苦营建的家园。人们有的用婴儿车推着东西，有的赶着马车，有的骑着木轮的自行车，在灰蒙蒙的细雨里告别家园。无助的妇女、孩子们哭泣着，精疲力竭的病人只能在地上爬行。人们头顶的天空上，战争依然进行着，时不时有炮弹炸响。

被迫撤退的昂赫姆人民有十万之多，然而在路上有将近三千人死去。残酷的撤退，貌似减少了纳粹的后顾之忧，实际上却埋下了更深的仇恨种子。

奥黛丽和母亲、哥哥及另外的四百多人终于在一座农舍勉强找到了栖身之地。然而房子非常阴暗、潮湿，几百名逃难的昂赫姆居民挤在那狭小的空间里，条件非常艰苦。

朴实的农民们非常热情，都真诚地拿出自己家里的食物分给这些来自城市的难民。艾拉最后带着奥黛丽和伊恩到了父亲家，也就是奥黛丽的外祖父家。老人曾经担任过昂赫姆市的市长，然而在那个年代里，"市长"这个头衔只是意味着更多的责任与义务，而不是财富和地位。这里相对于昂赫姆市区来说还是比较安全的，尤其是在大轰炸开始以后。

然而，这里的食品依然非常短缺，奥黛丽经常和哥哥一起去田里寻找野莴苣和郁金香茎，放在燕麦里熬粥来充饥。他们见到的面包都是绿色的，因为面粉都是用豌豆磨成的。饱受饥饿折磨的伊恩甚至迫不得已吃掉了狗粮，因为除了狗粮外，没有任何可以吃的东西。

有时候，奥黛丽不得不一整天都躺在床上，通过看书来忘记可怕的饥饿。尽管这样可以转移注意力，但是饥饿所带来的伤害是无法避免的。饥饿让青春期的奥黛丽越来越消瘦，只有深陷的眼窝里那双大大的眼睛依然灵动，仿佛清澈的小溪。

越是在饥荒的时候，粮食越珍贵。商人们却利用这个机会肆意哄抬物价，从中牟取暴利。毕竟金钱是不能直接拿来充饥的，所以不管食品有多昂贵，人们还是要去购买。艾拉手中的钱飞快地减少，饥饿却依然在困扰着他们。

后来，军团进驻尼德兰，昂赫姆人民仅有的避难地也被占领了，那些还能行动的男人都被抓去充当劳动力。奥黛丽的二哥伊恩也被德国人带走了。在这道针对男人的命令之后，德国人紧接着又发布了一条针对女人的命令：所有的年轻女子必须集中起来。那时候奥黛丽已经15岁。15岁的她出落得亭亭玉立，虽然瘦得几乎只剩下一副骨架，但是青春的光辉在她的脸上折射出一种别样的魅力。尤其那双大大的眼睛，清澈而明亮，善良中透着一份纯纯的天真。

奥黛丽是个很聪明的女孩。当她听说德国人新发布的这道命令后，赶紧从众人集聚的地方逃脱，在一座废弃楼房的地下室躲了起来。

在那个没有阳光、潮湿、阴冷的地下室里，奥黛丽整整躲了一个月。那是一种求生的本能，让她一直坚持下去，始终没有放弃。

一个月后，昂赫姆迎来了久违的自由。奥黛丽终于能走出那个阴暗的地下室，拥抱阳光，迎接自由与光明。她的哥哥伊恩也终于平安归来。被战争与饥饿折磨得骨瘦如柴的人们走上街头，互相拥抱着，欢呼着。经历了战争的恐怖，人们更加意识到自由与和平的宝贵，很多时候，让你倍加珍惜的不是你本来就拥有的东西，而是你失而复得的东西。

那段硝烟弥漫的记忆是刻骨铭心的，也许正是这样的经历，让她有着强烈的社会责任感，热衷为那些饱受饥饿折磨的可怜孩子送去温暖与爱心。

亲人的离去更是奥黛丽心中永恒的伤痛。离开家庭的父亲，被纳粹拖走的大哥亚历山大，就连被她视作生活的依靠的叔叔和表兄弟也相继被纳粹处死……

战争的惨状在奥黛丽的心中刻下了一生的烙印。多年后，当她在拍电影时看到那些模拟的战争场景时，心中的旧伤依然流着血。战争的阴霾给那个本该天真烂漫的年纪蒙上了无法褪去的阴影。终其一生，她都对那段灰色的过往无法释怀。

死亡线上那些绝望的眼睛

仿佛是上帝开的一个玩笑，艾拉拼命地带着自己的儿女躲避战争，却没想到荷兰是最早被德国侵略的国家之一，同时也是最晚被盟军解放的国家之一，而昂赫姆，是整个荷兰最后解放的城市。在昂赫姆的最后一战，后来被拍成了电影《遥远的桥》。不仅对荷兰，就是对整个"二战"来说，这最后一战都是非常有意义的。

在被德军统治的时候，昂赫姆的人民很难找到吃的。后来，奥黛丽回忆起那段痛苦的经历时这样说道："最后那年的冬天是最糟糕的，城市里的食物已经所剩无几，还要优先供给德军。虽然我们还不至于饿死，但是由于总是吃不饱……"

所幸，战争刚刚结束的时候，联合国儿童基金会（UNICEF）就和红十字会一起送来了温暖。他们向昂赫姆的人民提供了药品、衣服，还有最重要的——食物。每一所学校都成了重要的援助中心，孩子们成了最大的受益者，奥黛丽也是其中一个。

那些在死亡线上挣扎的生命，终于找到了救命的稻草。长久的饥饿让很多孩子都患上了严重的营养不良，在他们本该天真烂漫的年纪，却频繁遭遇死神的威胁。而同时，他们在战争的魔爪下坚强地活下来，也是一种莫大的幸运。多少人在战争中失去了宝贵的生命，带着对这个世界的眷恋与遗憾含恨而去，再也不能回来。

联合国儿童基金会和红十字会给孩子们带来了生命的希望。那是奥黛丽第一次接触到国际儿童基金会，仅仅是这一次接触，就给她的一生留下了永远不能磨灭的印象。这也为她以后的故事埋下了伏笔。

那些双眼中写满绝望的孩子，让年少的奥黛丽无限怜惜，无限同情，甚至忘了自己其实也是个需要别人救助的孩子。她曾经亲眼看见过成群结队的犹太人被纳粹押上火车，送往集中营。在人群中，一个穿红大衣的小女孩给奥黛丽留下了永生难忘的印象。她眼看着那个小女孩被粗鲁的纳粹军塞进一辆牛车里带走，小女孩瘦小的背影，写满了强烈的孤独与无助。

多年以后，当奥黛丽看到《辛德勒名单》的时候，那个画面再一次浮现在她的眼前。于是斯皮尔伯格将她对那段残酷战争的记忆加入到电影中，真实地将那残忍的一幕再现于世人面前。所以在我们看《辛德勒名单》这部黑白影片的时候，会看到一抹红色，如同一滴绝望的血，那也是整部影片中唯一的彩色。刺目的颜色，仿佛在提醒着人们战争的恐怖与生命的宝贵。

奥黛丽的心中永远有一份最暖的柔情。随着岁月的流逝，那份柔情始终在悄悄生长着。

漫漫人生路上，让我们最刻骨铭心的，往往不是锦上添花，而是雪中送炭。奥黛丽说："我一生都将铭记联合国儿童基金会对我的帮助。"直到多年以后，她将那份善良与真诚融化在非洲索马里，为那里的可怜儿童带去温暖，就像自己小时候曾经接受别人的赠予一样，将那份爱的玫瑰赠予别人。

"记住，如果你在任何时候需要一只手来帮助你，你可以在自己每条手臂的末端找到它。随着你的成长，你会发现你有两只手，一只用来帮助自己，另一只用来帮助别人。"奥黛丽是误落人间的天使，无论在什么时候，她总是会想着帮助别人。她那无私而透明的心，感染着她身边的每一个人，也感染着每一个喜欢她的影迷，甚至也感染着整个世界。

生命里总是有那么多的巧合。在奥黛丽走上演艺路以后，与她合作得非常融洽的一位导演特伦斯·杨竟然是"二战"时期一支英国坦克部队的指挥官。在他导演的电影《盲女惊魂记》中，奥黛丽担任主角，扮演一名被一个精神病强盗所折磨的可怜盲女。

在拍摄的过程中，特伦斯·杨惊讶地发现，原来奥黛丽在"二战"期间一直住在昂赫姆，而他在20年前恰好担任着炮轰德军工事的任务。在他的指挥下，昂赫姆城和周围的很多村庄都被炮弹炸成了一片废墟。在一次大轰炸中，奥黛丽的邻居家也没能幸免。

特伦斯·杨经常开玩笑说："如果当时我下令再向左瞄准一点，

我现在就失去最好的工作搭档了。"不过，奥黛丽对于那次炮击是非常支持的，即使自己在被轰炸的范围之内。

有时，战争是为了更好的和平，那次炮击，让德国人从大街上一下子消失得无影无踪。以前每每看见在街上行走的德国人，人们总是提心吊胆的。

奥黛丽为盟军的胜利而高兴，更为自由的来临而兴奋不已。

chapter 3

A walking dream

第三章

一个会走路的梦

当梦想被宣判死刑

梦想的力量是永远无法估测的，尤其是对于一个意志坚强的人来说。在战火纷飞、食不果腹的年月里，奥黛丽依然没有放弃自己的梦想。在那个美好的芭蕾梦里，她经常看见自己站在一个美丽的舞台上，优雅地旋转着，舞台下的掌声经久不息。

奥黛丽说："战争把人变成囚徒，不论从肉体上还是精神上都是如此。我周围有许多同龄人，却没有志同道合的朋友，他们的想法和我不一样。不知道为什么，在枪炮声和血腥面前，我始终坚守着我童年的梦想——音乐与芭蕾。"梦想给了她强大的动力，为了心中的梦，无论有多少困难，她始终不忘自己最初的坚持。

战争的恐怖给艾拉留下了无法抹去的阴影，她很快就带着伊恩和奥黛丽离开了昂赫姆，去了阿姆斯特丹。然而此时的他们已经身无分文，要想在这个城市里生活下去，至少要有份工作。所幸，艾拉的烹饪手艺非常好，她很快就在一个中产者家里当上了首席厨师。

幸运的事情接踵而至。奥黛丽的大哥亚历山大从战俘营回来了，对于这一家人来说，这简直是天大的喜讯。一家四口人住在一套房子里，尽管生活上并不宽裕，但是每天都非常温暖幸福。

然而，战争所留下的创伤却很难在短时间内愈合。奥黛丽的两个哥哥尽管也骨瘦如柴，但是在生活稳定之后很快就长出了结实的肌肉，而奥黛丽依然那么瘦。长时间的饥饿让她患上了严重的营养不良、贫血等症，在生活稳定后，虽然她的健康状况良好，却再也不能回到童年时代那个胖嘟嘟的样子。当然，那时的她并不会意识到，这样消瘦的身材会在几年后引领起一股时尚的美，让人们为这样苗条修长的身材着迷不已。

经过了兵荒马乱的年月，奥黛丽终于能继续学习自己心爱的芭蕾舞了。她的母亲艾拉送她到一个白俄芭蕾舞教师索尼亚·加斯开尔那里学习。为了女儿的前途，艾拉总是省吃俭用，舍不得吃一顿可口的饭菜，却舍得为女儿支付昂贵的学费，为她买昂贵的舞鞋和音乐会的门票。

第一次看见奥黛丽的时候，索尼亚非常惊讶：芭蕾舞是非常消耗体力的，这样瘦弱的姑娘能跳芭蕾吗？她迟疑着让奥黛丽做了几个芭蕾舞的动作。在看到她的表演后，索尼亚的顾虑马上消失了。奥黛丽的动作优美而娴熟，加上她精致的五官与修长的身材，这简直是世界上最完美的结合！奥黛丽优雅地做了自我介绍，落落大方的她给索尼亚留下了很好的印象。

她跳过的舞很多，柴可夫斯基的《睡美人》、巴赫的《意大利交响曲》，甚至连斯特拉文斯基的重拍音乐她都能跳。而且，她的经历很丰富。在"二战"时期，她还曾为募捐军资而跳过舞。这些经历都让索尼亚赞叹不已。于是，奥黛丽顺利地成了索尼亚的学生。

在班上，她是最用功的学生，每一个动作，她都近乎苛刻地要求自己。

然而，此时的奥黛丽却出现了新的困扰。跳芭蕾对身材的要求很高，奥黛丽的身高将近一米七，已经超出了芭蕾舞演员的标准身高。不过，她依然坚持着自己的梦想，从小到大，她是那样热爱芭蕾，眼看着梦想在一点点靠近，她绝不会轻易放弃。

1946 年 5 月 4 日是奥黛丽的 17 岁生日。那天早上醒来，她就惊喜地在床头柜上发现了一张昂贵的音乐会季票。这是她曾经想都不敢想的奢侈品，母亲竟送了这样珍贵的礼物给她。奥黛丽兴奋得喊叫起来，像一只快乐的小鹿一般跑过去紧紧地抱住了母亲。

在圣诞节的时候，奥黛丽又收到了母亲送给她的一张贝多芬弦乐四重奏的系列票。她上课的地方离音乐厅有好几里路，好多个晚上，奥黛丽下了芭蕾舞课以后就步行到音乐厅去。那样漫长的路，奥黛丽总是欢快地走着，每走一步，她都能感觉到距离梦想又近了一些。

奥黛丽的老师索尼亚对芭蕾舞有着自己独到的看法。她经常使用现代音乐来配古典的芭蕾舞，并编排了一些以现代音乐为主题的表演舞。她的观点是颇受争议的，尽管赞同她的人不少，却始终得不到荷兰政府有关部门的支持和赞助。无可奈何之下，她的学校只能停办。

不过，这并不能阻止索尼亚坚持并发展自己对芭蕾舞的理念。她告诉自己的学生们，她将要前往巴黎。她相信在那个时尚之都，自己的艺术观点会得到赏识。

索尼亚对奥黛丽的影响不仅仅在芭蕾舞上，更体现在人生方向上。她从老师身上看到了一种勇敢，也看到了一种智慧。如果你的才华在这里得不到承认，那不必继续在这里煞费苦心地去博得他人的赞同，换一个地方，也许梦想轻轻松松地就实现了。

有时候，选择比努力更重要。

奥黛丽决定离开荷兰。她要到伦敦去，那个承载着她童年回忆的都市。

艾拉对女儿的决定非常支持。她们带着全部积蓄——10英镑离开阿姆斯特丹，来到伦敦。母女两人住进了一间只能放下两张单人床的小房间。即便如此，奥黛丽依然坚持着自己的梦想。艾拉很快在一家花店找到了工作，一周能赚到10英镑。

尽管是为梦想而来，但是如果不能解决基本的生活问题，梦想也无从谈起。所以奥黛丽面临的首要问题还是工作。这时候，正好有一部40分钟的电影短片要拍摄，是介绍旅行风光的。片中需要一个会英语和德语两种语言的少女，以空中小姐的身份向观众讲解风景。奥黛丽经朋友介绍了解到这件事，便前去面试。

去面试之前，奥黛丽一直以为这是要招聘一个会跳舞的女演员。所以她在面对招聘的导演时也是按着这样的标准来介绍自己的。那时的奥黛丽正像一朵绽开的兰花，优雅恬静，修长的身材，甜美的脸蛋，美丽中有一份高贵。

林登导演和马丁导演接待了奥黛丽。他们对奥黛丽的印象都非常深刻。林登导演对奥黛丽的印象是光彩照人、愉快、亲切，很有教养。这与艾拉多年的培养与教育有着密切关系。她像个小鸟一样叽叽喳喳地讲着自己芭蕾舞的训练，甜甜的微笑里带着几分从容。

林登导演为眼前这个美丽的少女深深震撼着。他立即给自己的助手打电话叫他过来："快来！你看见过一个会走路的梦吗？我看见了！"

林登用一句简单而唯美的话将他对奥黛丽的印象淋漓尽致地记述了下来——"一个会走路的梦"。她的美，是一种天然的纯净之美，美丽的面庞，就连每一根睫毛都是那么精致。

马丁导演回忆起奥黛丽，同样是赞不绝口。他回忆说："她走进我的办公室，说她是学芭蕾的，要找个工作。我向她解释说，我不拍音乐舞蹈片。不过，我继续和她谈话。不知怎的，我被她那新鲜、开朗和难以置信的微笑吸引住了。她的小圆脸上一对大而明亮的眼睛使她成了一个小太阳。最后，我恍然大悟：她就是影片中要用的人。我就对她说，我要让她担任一个角色。而她却回答说：'不过，我不是演员啊！您会失望的。'我和她签了合同。"

在浩渺的电影星空里，这部小小的短片就像一颗微小的尘埃。尽管这只是一部名不见经传的小短片，却开启了奥黛丽的银幕生涯。这是她辉煌的演艺事业的开端，这一次与电影的接触，让她体会到了拍摄的乐趣。

—芭蕾与梦想

后来，奥黛丽找到一份在教会值夜班的圣职工作，平时也会兼职广告模特来赚取一些额外的收入。虽然她们的生活依然拮据，但总算稳定了一些。

打好了生活的根基，奥黛丽终于可以开始新一轮逐梦的旅程了。她进入了当时颇负盛名的玛丽·兰柏女士的舞蹈学校。她的经济还是很窘困，已经60岁的舞蹈家兰柏女士不仅接受了她，还赠给她一笔奖学金，甚至带奥黛丽回家，免费为她提供食宿。

有着"舞蹈之神"美誉的著名舞蹈家尼仁斯基（Nijinsky）也曾经在这个学校就读过。在这里，奥黛丽有机会和萨德勒·韦尔斯剧场甚至英国皇家芭蕾舞团合作。也是在这个时候，奥黛丽正式将名字改成了"奥黛丽·赫本"。

尽管奥黛丽的芭蕾舞跳得很好，她却发现在这里比她跳得好的大有人在。而且，她的个子太高，已经超出了对芭蕾舞者的要求。这一切都让她感到失望和难过。那个执着而美丽的梦，明明已经触手可及，但是忽然又成了可望而不可即的海市蜃楼。

为了解决生活问题，奥黛丽在一家夜总会找到一份工作，举预告节目的海报。她搬出了兰柏女士的家，又开始了清苦的生活。

平时，兰柏女士的教学是非常严格的。她对学生有着近乎完美的要求，如果谁做错，她手里的小棍子就会落到谁的身上——尽管只是轻轻地，但是十八九岁的女孩子都有着极强的自尊感，那条小棍子轻轻地落在身上，却是重重地抽打在心上。

有时候，如果谁的动作做得不好，兰柏女士会气得火冒三丈，那几乎要发疯的样子让每个学生都不寒而栗。不过，奥黛丽是最用功的学生，她对自己的要求甚至比老师对自己的要求还要苛刻。

兰柏女士推荐奥黛丽参加了美国音乐剧《高跟纽扣鞋》的演出，在剧中担任一名群舞演员的角色。她所表演的舞蹈动作被设计成跳得很高的样子，双臂向前伸开，眼珠要配合肢体动作灵活地转动。在剧中，奥黛丽表现得都非常好，但是对于这种很多人一起舞蹈的艺术，奥黛丽并不喜欢。她想要的是一个独立的天地，一个独立的舞台，而不是和很多人跳成一团，那样是无法展现出每个人的个性的。

奥黛丽的梦想是成为一名独舞演员，每一步，她也都是朝着这个方向迈进的。然而命运弄人，她能控制自己的每一个动作，却不能控制自己骨骼的生长。她的身高对她热爱的芭蕾舞形成了极大的限制。她自己也知道，只是始终不愿意也不敢面对这个残酷的事实。

直到有一天上课的时候，兰柏女士将奥黛丽叫到一边，将这个问题清晰地摆在了她的面前："你有很好的舞蹈技巧，也可以做个优秀的芭蕾舞教师，但你绝对不会成为首席芭蕾舞星。"

这对奥黛丽来说简直是一个晴天霹雳！多年来坚持的梦想，在那一刻轰然崩塌，奥黛丽感到非常的失望与难过。她甚至傻傻地想，就让自己从这个世界上消失吧！因为梦想破灭了，没有了梦想的人生，就像没有了灵魂的生命！

不过，奥黛丽还是坚强而勇敢的。尽管遭受到了精神上的巨大打击，生活依然要继续下去。身高限制了她在芭蕾事业上的梦想，却成就了她灿烂的演艺之路。那时候，她经常充当模特来赚一些钱，她那修长的身材与精致的面容，在镜头前得到了最好的展现。她曾为化妆品、药品等担任平面广告模特，在当时的一千多家药房里都能看见她的图片。

那个美丽的芭蕾梦就像一道迷人的彩虹，绵延在奥黛丽年少的梦里。当彩虹渐渐褪去，奥黛丽的天空更加广阔而蔚蓝。

没有人生来就是从容优雅的

芭蕾梦虽然没有实现，但是在 19 岁以前那些所有为芭蕾梦而付出的汗水却让奥黛丽受益终生。她的言谈举止，动作里的每一个细节，都让人感到一股由内向外扩散的雍容华贵的气质。这与她学习多年的芭蕾是密不可分的。当她站立的时候，总是双脚自然分开，脚尖朝外；当她俯身捡东西的时候，膝盖从来不会弯曲；她的腰背永远那么挺直，让人感到一种青春与生命的活力。

认清了自己在芭蕾上的前途，再加上白天学习舞蹈、晚上工作过于劳累，奥黛丽终于决定忍痛离开玛丽·兰柏舞蹈学校，开始新的生活。

多年的芭蕾舞学习，在奥黛丽身上留下了明晰的痕迹。即使离开了芭蕾舞学校，她依然保留着一个芭蕾女孩的高贵气质。不仅如此，芭蕾舞还让她学会了如何进行自我控制和专注于自己所做的事情，在她以后的演艺生涯中，这种品质也是她走向成功的重要因素之一。

没有人生来就是从容优雅的。伊娃·嘉宝在谈到奥黛丽时曾这样说："没有人穿单调的白色裤子和衬衣会比她更漂亮。不管她穿什么衣服，都非常优雅精致，即使不佩戴珠宝，也像一个皇后。"这就是奥黛丽的魅力。很多女人的美是要靠华贵的衣服、精致的妆容、昂贵的珠宝烘托出来的，但是奥黛丽不是。她的美，是由内向外地展现出来的。那种内在的优雅从容，让她的美丽得到了淋漓尽致的体现。

奥黛丽有着让整个世界为之震惊的美。她的动作，她的声音，她的笑容，甚至是签名的手法、走路的姿势，都渗透着一股无懈可击的雍容华贵。著名素描家乔·尤拉这样评价她："她是个舞者，所以她的一举一动都很协调。她的走路方式都充满了梦幻色彩——没有人可以像她一样走路。"

面对生活，奥黛丽总是热情饱满。她会认真把握生活中的每一天、快乐而真实地生活。"我曾听过这样一句话：'快乐就是健康和健忘。'真希望这句话是我发明的。这可是千真万确的真理。"这就是奥黛丽，对生活永远充满热情。

美好的时光虽然不能挽留，却可以通过珍惜来使它延长。生活中总是有许许多多意想不到的事情，喜怒悲欢，其实都是一种财富。经过血腥的"二战"，奥黛丽更加懂得生命的含义。她说："珍惜生活，不管发生了什么，不管遇见谁都要享受这次经历。我认为，过去的经历让我懂得珍惜现在。我不愿在对将来的忧虑中蹉跎眼前的时光。"

乐观的心态，是快乐生活的源泉。在经过了芭蕾梦想破灭的打击后，奥黛丽依然勇敢地寻找着自己人生的方向。她有过登台演出的经历，所以当演员也是个不错的选择。奥黛丽开始努力向着演员的方向发展，并认真学习演戏技巧。

为了学习演戏，奥黛丽还专程拜费利克斯·艾尔默为师。费里克斯·艾默是一位颇有绅士派头的老演员，他曾经在电影《哈姆雷特》（即《王子复仇记》）中和著名英国影星劳伦斯·奥利弗合作，饰演波洛纽斯一角。他对演戏有着独到的领悟，为了能增加些收入，便教了几个学生。

艾默先生在教学上很认真。他告诉奥黛丽怎样用精确的英语来发音，教给她在舞台上应该有怎样的形体动作，怎样在静默的时候依然能抓住观众的视线……

学习演戏对奥黛丽来说并不难。虽然已经放弃了做芭蕾舞演员的梦想，但是奥黛丽依然热爱着芭蕾。她希望能找一些有舞蹈动作的角色，这样既能赚取一些生活费用，又能发挥自己的舞蹈优势，继续自己对舞蹈的热情。

这时候，《高跟纽扣鞋》停演了。奥黛丽又在《酸酱油》中以一名群舞演员的身份参加了演出。同时，她还在伊令制片厂和英国联合影业公司拍摄的《年轻妻子的故事》和《野燕麦》中充当小配角。尽管这些都是名不见经传的小角色，但是这些参演的经历为奥黛丽以后辉煌的演艺生涯打下了坚实的基础。正是在这些小角色里，奥黛丽一点点成长着，她的演戏技巧也渐渐成熟。

奥黛丽每周能拿到 5 英镑的薪水。这相当于当时的书店店员或者工厂雇员的收入，仅够她维持基本的生活。不过，虽然日子拮据，但是每一天，奥黛丽都过得很充实、快乐。

奥黛丽是发自内心地热爱着舞蹈表演的。每一次跳舞，她都会全力以赴地去跳。与其说她的舞蹈是为了谋生，倒不如说是为了一种情操的陶冶与享受。在表演舞台剧《辣酱》的时候，奥黛丽和几个姑娘一起舞蹈。就在别的女孩子都表情冷淡甚至烦闷的时候，奥黛丽却满怀热情，那张漂亮的脸上流露出阳光一般的快乐与温暖。她的眼睛像星星一样闪着光，迷人的微笑更是将她衬托成了一个美丽的公主。

就在奥黛丽专心地舞蹈的时候，剧团的经理罗伯特·伦纳德发现了她。那时他正在为电影《我们上蒙特卡洛去》寻找演员。这个角色要会说德语和英语两种语言。当他看见奥黛丽的时候，他相信自己发现了一颗耀眼的星。他告诉奥黛丽："我们要拍一部电影，想请你担任一个角色。"

对于奥黛丽来说，这几乎是天降喜事，她开心极了。而对于罗伯特·伦纳德来说，发现奥黛丽这颗耀眼的星，他的快乐不比奥黛丽的少，尤其是在得知奥黛丽除了精通英语、德语外，还能说一口流利的法语后。

《我们上蒙特卡洛去》讲的是一个丢失婴儿的故事。在拍摄这部电影之前，奥黛丽还在影片《拉凡德山的暴徒》中扮演了角色。这是关于一个小耗子似的银行职员抢了自己的银行后逃往南美的故事。这两部影片的情节本身并没有多大价值，但是对奥黛丽来说却有着深刻的意义。这意味着她在演艺事业上迈开了新的步伐，拍摄过程也为她以后的电影事业积累了经验。

奥黛丽的电影事业一拉开序幕便蒸蒸日上，她那富有修养的举止和美丽的外貌给观众一种美的享受。英联电影公司在当时是赫赫有名的，这家公司早在1940年的时候就打算拍摄《双姝艳》。故事由一名年轻的恐怖主义者计划在伦敦暗杀一位将军为开端。这名恐怖主义者以咖啡馆为据点，结识了舞蹈演员娜拉。最后，他们的爱情结束了，刺杀计划也没有成功。影片的风格颇为学院派，从开头到结尾，没有令人惊骇的悬念，一切都在顺其自然中铺陈开来。

《双姝艳》最后由梭罗德·狄金森执导。他看过奥黛丽的戏，对她的演技也颇为赞赏，但是对于让她来饰演娜拉这一角色一直犹豫不决。因为奥黛丽太高了，不仅超出了舞蹈演员的标准身高，也不适合饰演三姐妹中小妹的角色，因为已经确定的饰演姐姐角色的演员个子矮小。

就在梭罗德导演犹豫不决的时候，安德丽·霍华坚定地对他说，"奥黛丽·赫本是最合适的人选。"安德丽女士是奥黛丽的芭蕾舞老师兰柏女士以前的同事。这一次，她受聘为《双姝艳》设计舞蹈动作。安德丽对奥黛丽颇为赏识，她要为这个才气逼人的年轻女孩打通演艺之路，她相信，在不久的将来，奥黛丽一定会在演艺界名声大震。

安德丽极力劝说狄金森导演起用奥黛丽，不过，狄金森还是有些犹豫。正在他举棋不定的时候，一件意外的事情让他做出了起用奥黛丽的决定。扮演姐姐的演员临时有事不能参演了，换了个身材较高的女孩来饰演。这样一来，奥黛丽饰演妹妹，在身高上便很协调了。

拍摄进入了关键时期，然而在这个节骨眼儿上，贝得福剧院却忽然包了出去，剧组只有两天的时间把剩下的芭蕾舞部分全部拍完。

一时间，拍摄压力加上潮湿阴冷的环境，使得迪狄金森演患上了重感冒。但是，他依然坚持带病工作，一面咳嗽着，一面有条不紊地指挥拍摄。

拍摄需要一气呵成，不能有任何差错。但是，各种各样的问题却层出不穷。有一次，已经开机，奥黛丽却正冷得浑身发抖；有一次，男舞蹈演员约翰·菲尔德在旋转时假发飞了出去；还有一次，大家都准备得万事俱备了，才发现摄影机没有调准焦距……

狄金森导演的感冒在第二天更加严重了。他裹着厚厚的大衣，流着鼻涕，打着喷嚏，咳嗽也一阵紧似一阵，浓浓的药水味在他身上幽幽地飘散开来。导演都是完美主义者，只要认为有不完美的地方，一定会选择重拍，哪怕自己也要忍受超负荷的工作压力。狄金森导演看了头一天拍的片子，依然不满意，于是"重拍"的命令再一次在人们头脑中炸响。

工作人员里甚至有人争吵起来，很多人都是怨气冲天的。大家不停地重复着，重复着，直到半夜，才算拍出了一段令狄金森导演满意的片子。

在这次拍摄中，奥黛丽的演技得到了一个新的突破。在剧中有这样一个情节：娜拉向姐姐讲述一次恐怖事件，讲到事件中死伤的惨状时，娜拉的脸上要流露出极度痛苦与恐怖的表情，声调也要恰到好处。

刚开始的时候，奥黛丽总是掌握不好这种表情。狄金森导演启发她道："不必考虑你的声音、语调和表情。你只要想一想这段台词所描述的情景。你经历过战争，回忆一下，你是不是见过类似的事情？当然不会完全相同，但却是相似的？你准确地把握了心中的感情，那时声调、动作便会自然而然地得到恰当的表达。"

狄金森导演的话给了奥黛丽一个重要的启示。她默默地走到一个角落，坐在椅子里，努力忘记自己眼前的一切，将思维追忆到炮火连天的战争年月。那一刻，她仿佛看到了昂赫姆人民正在被迫离开自己的家园，精疲力竭的病人甚至在爬行，炸弹时不时在附近炸出恐怖的烟尘，那些火星甚至就落在眼前，大哥被可恶的纳粹关进了集中营，二哥被强行拖走……

曾经的苦难岁月一股脑地向她袭来。奥黛丽终于找到了那种感觉，当她用饱含深情的语言将台词说出来时，眼泪也情不自禁地夺眶而出。无论导演，还是同事，每一个在场的人，无不被奥黛丽传神的表演震慑住了，那一刻奥黛丽已经不是自己，而是剧中真正的娜拉。

在以后的演艺岁月中，奥黛丽对一些煽情的镜头都能表演得恰到好处。也许，在她声情并茂地说着满含痛苦色彩的台词的时候，那些恐怖的战争岁月再一次爬上了她的心头，那一刻她的痛苦与眼泪都是真实的，并不是单纯的演技。

《双姝艳》里还有很多戏是在户外拍摄的。在1951年那个阴沉的4月里，剧组的每个人都感到格外疲惫。他们经常从早上一直拍摄到第二天凌晨三点钟。阴沉沉的天还经常下起毛毛雨，人们的衣服、头发被打湿了，但是依然要坚持着拍下去。奥黛丽有时候会吃一块蜡纸包裹的乳酪补充一下体力，喝一杯茶来提神。不管多么艰难，奥黛丽总是坚持着，毫无怨言地一遍又一遍地配合拍摄。

在这部影片中，奥黛丽受到了极大的好评。她那曼妙的身姿，优雅的舞蹈，尤其是那双清澈的大眼睛，给观众留下了深刻印象。这是奥黛丽成功的开始，经过这次锻炼，年轻的奥黛丽不仅在演技上，更在心智上渐趋成熟。

一阵从英国吹来的清风

初出茅庐的奥黛丽得到了人们的好评，她的名气也在悄悄增长着。不过，奥黛丽还来不及去关心人们对自己的评价，就要继续为工作而奔忙了。《秘密的人》拍摄刚结束，她就马不停蹄地赶往蒙特卡洛，参加《我们到蒙特卡洛去》的拍摄。

在这部戏里，奥黛丽要使用两种语言来说台词，用这种语言说完一句，马上就用另一种语言说下一句，感情还要连贯。这是很难的，不过，奥黛丽认真揣摩这个角色的人物性格，努力把自己融入故事中去。她把那些台词当成自己要说的话，每一句，都融入了深刻的感情。

奥黛丽的表现非常出色。她几乎是一个完美的女孩：拥有美丽的容貌，教养也很好，又精通数门语言，在音乐上也颇有造诣，再加上她在芭蕾舞上的技巧，用"秀外慧中"来形容她是最恰当不过了。在剧组里，奥黛丽也是很受欢迎的。她对人真诚，活泼天真，让人有一种如沐春风的感觉，给大家带来了不少快乐。

21岁的奥黛丽青春焕发，爱慕她的男人也着实不少。父亲的出走，给奥黛丽的一生都留下了难以抹去的阴影。她是个缺乏安全感的女孩，对家的渴望远远要超过对事业的追求。她太想有一个温暖的家了，相夫教子，平平淡淡，只要和自己爱的人在一起，就是全世界最幸福的事情。

在这种心理的作用下，当奥黛丽遇见詹姆斯·汉森后，两个人便坠入了甜蜜的爱河。

汉森是英国人，那一年他29岁。他出身于一个富裕的卡车制造业家庭，平时喜欢狩猎、骑射和捕鱼。最重要的是，汉森诚实可靠，性格又勇敢坚强，正是奥黛丽理想的丈夫。

然而，这正是奥黛丽事业刚刚起步的关键时期，如果她选择恋爱结婚，事业就势必要受到影响。天真的奥黛丽是打算选择爱情的，像所有平凡女子一样，她不求大富大贵，也不求声名显赫，只要有一个温暖的家，就足够了。

奥黛丽的母亲艾拉得知后坚决反对。这么多年来，她煞费苦心地培养着女儿，省吃俭用，就为着让女儿有一个美好的前途。她坚定地告诉奥黛丽："必须以事业为重。你不能生活在除了卡车就是马匹和猎狗的世界。"

很多次，奥黛丽为了自己的爱情和母亲争执起来。但是，年轻的她是无法说服母亲的，相反，母亲的话一次次让她犹豫起来。

或许，美丽的天使注定是要伸展开翅膀飞向世界的。紧随爱情之后的一件事，让奥黛丽在演艺事业上跨出了新的一步。

　　那天奥黛丽正和剧组在巴黎大旅社拍戏。她全神贯注地投入到故事情节里，根本没有注意到有一个上了年纪的女士正在满脸惊喜地看着她。那位女士满脸皱纹，但是打扮很时尚，涂着胭脂，一头红色的卷发。她的个子不高，坐在轮椅上更显得身材很小。一个高个子的男人推着轮椅，看样子是她的丈夫。

　　当他们经过这里的时候，摊在地上的电线忽然缠住了轮椅。轮椅上的小妇人不禁抱怨起来，但是当她抬起头看见奥黛丽的时候，顿时脸上露出了无限惊喜的神色。

　　对于这两位不速之客，剧组成员有些生气，正想赶他们走的时候，见多识广的导演简·博耶却向小妇人伸出双手，表示对他们的欢迎。

　　原来，这位妇人正是法国的著名记者兼作家科莱特。她患有全身性关节炎，所以只能坐在轮椅上。博耶导演将他们当作贵宾留了下来，工作人员也都对他们尊敬起来。

　　这一切都在悄悄地进行着，全神贯注地演戏的奥黛丽并没有注意到这些。科莱特继续认真地观察起奥黛丽来，这个美丽活泼的女孩，让她感觉到一种陌生的熟悉感。虽然这是她们第一次见面，却感觉到她像是从自己笔下的作品中走出来的一般。

　　科莱特这次来，就是为由自己的小说改编的剧本《吉吉》（另外译作《金粉世界》《姬姬》或《琪琪》）来物色主演的。吉吉是巴黎的一个年轻美丽的女孩，从小由祖母和姑妈——两个高等妓女用上流社会的礼仪规矩调教长大。她纯洁天真，对世界充满美丽的幻想。当她终于到了出嫁的年纪，便被祖母和姑妈像商品一样安排嫁给富有的年轻人加斯通。吉吉知道后，开始拼命反抗。她要寻找自己想要的爱情，过自己想要的生活。

这个剧本是安妮塔·露丝改编的，百老汇大亨英国演出经纪人阿瑟·弗里德看到这个剧本后非常欣赏，马上买下了剧本，并决定投资拍摄。

科莱特要为自己笔下的人物在现实中找一个合适的演员。当她看到奥黛丽的那一刻，简直就像看见了吉吉一样："对！这正是吉吉！她就是我的吉吉！像一匹小马驹那样稚嫩而充满朝气，半是女人，半是男孩！她尚未定型，心中还不曾有作为女人的自我意识，是个真正的处女！啊！真是完美之极！"

那时候奥黛丽的母亲艾拉也在拍摄现场。科莱特女士通过艾拉表达了自己想要聘请奥黛丽来扮演吉吉的意思。这个消息让艾拉非常高兴，她希望女儿能接下这个角色，因为她清楚地意识到，这很可能是女儿飞黄腾达的开始。科莱特邀请她和奥黛丽第二天到自己的住处去，再好好商量这件事。

第二天，奥黛丽和母亲一起到了科莱特的住处。出乎科莱特的意料，奥黛丽竟然不同意饰演吉吉。她觉得这个角色太重，自己又没有演话剧的经验，根本没有信心能演好，她斩钉截铁地说："夫人，这不可能，您知道，我还没学会演话剧呢！"

但是，科莱特和她的丈夫、艾拉三个人都不这么觉得。他们一致认为奥黛丽很适合这个角色，尤其是在她毫不迟疑地说出"这不可能"的时候，他们仿佛看见了吉吉向祖母和姑妈反抗嫁给加斯通时的表情。

科莱特再一次仔细端详眼前的这个年轻姑娘：她瘦得像一只羚羊，高高的颧骨，身材因为消瘦而棱角分明，眼睛里流露出一股天真而坚毅的色彩，这样的奥黛丽简直就是从书中走出来的吉吉！科莱特决心要说服她，在科莱特看来，再没有人比奥黛丽更适合饰演吉吉。

最后，奥黛丽终于妥协了。但是要想真正拿下这个角色，奥黛丽还要经过演出经纪人阿瑟·弗里德和编剧艾伦·杰伊勒纳的同意。

阿瑟是个腰缠万贯的大企业家。他身材矮胖，下巴垂成两层。他住在萨孚饭店，房间里布置得异常奢华。奥黛丽去见他的时候，穿了一件男式的白衬衫，长长直直的头发垂到腰际，下面是一条黑色的裙子，脚上穿着类似芭蕾舞鞋的平底鞋。这样简单朴素的打扮，在奥黛丽身上却显现出了别样的美。

阿瑟是一个和蔼的人。他问奥黛丽都演过什么戏，奥黛丽则从容地讲了她在芭蕾舞学校学习的经历和之前演过的几部电影。与其说这是一次面试，倒不如说是一次轻松的谈话。奥黛丽顺利通过了阿瑟这一关，最后一关，便是编剧艾伦的面试。

当奥黛丽到达艾伦下榻的酒店时，艾伦正在和好友波莉特·戈达德在一起。两个人一起接待了她。

眼前的两个人，一个是赫赫有名的作家，一个是美丽动人的好莱坞明星，奥黛丽不免有些紧张。

随着话题的展开，奥黛丽轻松了许多。两位杰出的女性对奥黛丽的印象都非常好，她们没有居高临下的气势，而是把眼前的姑娘放在和自己平等的地位上，用友好而亲切的语言让奥黛丽表现出最真实的自己。

奥黛丽意识到自己很幸运。很多时候，挑选演员的人往往用一种打量商品的目光来打量应聘的人，那种居高临下的挑选姿态让应聘者不得不像出卖商品一样努力把自己"卖"出去。但是奥黛丽并没有遇到这样的情况。她意识到自己很幸运，眼前的两位女性，都是富有修养而平易近人的。

这一次会面依然是非常轻松的。走出酒店的大门，奥黛丽格外开心。她忍不住兴奋地自问："那么，我是否也能成为她们当中的一员？"之后又自己回答道，"不管今天是不是，反正我要使自己成为和她们一样的人。"

奥黛丽刚一离开，波莉特就忍不住对艾伦说道："这孩子明显是块好材料。我纳闷她怎么还被埋没着。我相信，若有识英才的慧眼，早在她 10 岁那年就该被发现了。"艾伦对奥黛丽的印象也非常好，她们决定让奥黛丽在第二天念一段台词。

第二天，阿瑟和艾伦一起为奥黛丽挑选了吉吉为拒绝和加斯通结婚而勃然大怒的一段戏。奥黛丽的台词念得并不好，念到一半还念串了行。但是她们还是决定任用奥黛丽。她们相信，经过一段时间的练习，她一定能胜任这个角色。

奥黛丽就像一颗光芒闪烁的钻石，不仅是阿瑟和艾伦，很多人都能感觉到那种不可被埋没的力量。这个优秀的漂亮女孩，正在一步步走向她璀璨的星路。

紧接着，奥黛丽开始试音。然而，她的声音太小。那天一位老话剧演员内斯毕在台下听，她几乎什么也听不见。最后，他们决定由内斯毕来训练奥黛丽的发声。

《吉吉》要在美国纽约上演，奥黛丽不得不借钱买船票。当阿瑟在洛克菲勒再一次见到奥黛丽的时候，他不禁大吃一惊：眼前的这个女孩竟然长胖了好几磅！这与剧本中吉吉的形象是不符合的。原来，奥黛丽在船上猛吃猛喝，导致她的体重快速增加了很多。

为了拍摄，奥黛丽不得不马上开始减肥。她在整整一周的时间里只吃牛肉片和拌生菜，巧克力和甜点之类的食品一点也不敢碰。很快，她的体重又恢复到了以前。

发声训练是在内斯毕的乡间别墅进行的。每天，她在花园里进行各种声音的练习，呐喊的、耳语的，什么时候用多大的声音讲话，用什么样的语调来控制语言都有要求。一个星期后，她在发声上有了很大的进步。

话剧开始了紧张的排练。毕竟，奥黛丽没有演话剧的经验，从一开始就暴露了很多问题。她在说台词的时候总是嚷着，关门时又把门关得砰砰作响，本来该走的部分，她却跑起来……有一次，她从一把椅子上跳起来，这一跳动作幅度过大，一下子跌倒在舞台上，她不禁疼得大叫，一连好几天，那种疼痛都伴随着她。

"吉吉"这个角色要求是活泼而富有生气的，但是奥黛丽却演得过于欢蹦乱跳，把"活泼"演得有些走了调。

台词也是奥黛丽的一大问题。她经常记不住台词，尤其是比较长的。在台词与感情的搭配上，她也常常把握不好。比如当吉吉拒绝嫁给加斯通的时候，脸上应该流露出愤怒的表情，但是奥黛丽却像是小孩子在使性子……

直到排演的第八天，奥黛丽的问题还是层出不穷。同事们和她配戏也感到很困难，最要命的是，她自己似乎还没有意识到问题的严重性。晚上排戏，她有时迟到，上午排戏，她又疲惫不堪。这一天排练完，导演雷蒙·鲁洛终于忍不住找奥黛丽进行了一次谈话："你这样可不行，你得改好，要勤奋、努力。你要睡好、吃好，把全部精力投入到排戏中，以一个专业演员的标准要求自己。否则，你在这个戏里的前途我就一概不管了。"

这一番话给了奥黛丽不小的刺激。她的自尊心很强，如果被别人指责哪里做得不好，一定会拼尽全力去改正。于是在第二天，人们都惊讶地看到了一个新的奥黛丽。她似乎一夜之间长大了，而且一天比一天做得好。

《吉吉》公演的日子终于来了。这是首次演出，地点在纽约富尔顿剧院。

每一位演员都有一些紧张，奥黛丽更是如此。但是她努力克服着紧张的情绪，上台之前，同样提心吊胆的内斯毕（饰演祖母）在她额头上轻轻吻了一下，告诉她："别担心。"

平静一下情绪，奥黛丽对自己还是充满自信的。她像一只轻盈的小鹿一般跳上舞台。人们看见她的身上散发着青春的活力，妩媚动人，活泼可爱。那张美丽的面庞与修长的身材，一下子就抓住了观众的眼睛。

演出非常成功。奥黛丽那双大大的眼睛、柔软的手臂、修长的双腿，甚至每一个动作都给观众留下了深刻的印象。就连费城最挑剔的观众也对她报以热烈的掌声。

人们对奥黛丽的评价很高，一位颇具影响力的文艺评论家这样写道："令人愉快的赫本小姐显然是一位缺乏经验的演员，然而她的气质如此可爱、如此健康，她成为这台演出中最成功的人。奥黛丽·赫本小姐成功地塑造了一个正直、单纯、顽皮、机敏的姑娘的形象，她将自己清新而活泼的气质赋予这个角色。倘若换另一个人，用不同的方式演，则这个角色可能不会令人愉快。赫本小姐的演技像一股清风。"

就这样，这股从英国跨越大西洋的清风，一直吹到了美国。当然，美国并不是这股清风的终点站，等待奥黛丽的，将是更为辉煌的演艺生涯。

Look at yourself by standpoint of the spectator

第四章

站在旁观者的立场看自己

_"罗马假日"来临

《吉吉》的演出大获成功，与成功一起涌来的是铺天盖地的赞美，让奥黛丽的知名度空前提高。

不过，奥黛丽并没有陶醉于人们的赞美。她非常冷静，在成功面前，她没有骄傲，总是谦逊地回应大家的夸赞。在短短三个星期内，芭蕾舞演员出身的奥黛丽就完成了一个话剧演员的所有任务，这与她多年的芭蕾舞学习是分不开的。她谦逊地说："我一半是舞蹈家，一半是演员。芭蕾是我所学过功课中最耗费精力的，但它使我体力加强，耐力增长。如果不是接受过芭蕾舞训练，我是不可能三星期排出一个自己当主角的戏的。"

其实，在这个年轻姑娘的心里，一个温暖的家的位置依然要高过事业。在《吉吉》首演 4 天后，她就和汉森宣布，《吉吉》一演完，他们就结婚。尽管她的母亲艾拉一再反对，奥黛丽还是义无反顾地选择了爱情。

她太渴望有一个温暖的家了，童年时代父亲的出走、"二战"中弥漫的炮火声，给奥黛丽的一生留下了难以磨灭的阴影。她多么渴望有一个避风的港湾，那里有爱她的男人，有她爱的孩子，即使平淡，也绝对是人世间最幸福的事情。

沉浸在爱情与事业双丰收的喜悦中的奥黛丽还不曾意识到，她的演艺生涯才刚刚拉开序幕，更加重要的角色正在等着她。辉煌的事业，将会让她不得不选择离开那个幸福而又可怜的爱人。

《吉吉》在美国百老汇演出的同时，由美国派拉蒙公司摄制、威廉·惠勒导演的《罗马假日》（*Roman Holiday*）正在伦敦挑选安妮公主的饰演者。他们采用拍摄电影《飘》（又译作《乱世佳人》）时公开招聘女主角郝思嘉的方法，按照应聘者的条件与安妮公主的相符程度酌情挑选。

《罗马假日》是享誉世界的一部经典之作，不仅是在 20 世纪，即使在今天，它依然为人们所津津乐道。这是关于一个年轻而美丽的公主的故事。她到罗马进行国事访问，繁忙的政治事务让她忙得不可开交。她就像一只漂亮的小鸟，而公主的身份则像一只镶金嵌玉的笼子，让她只能眼巴巴地望着笼子外面的世界。

终于，公主忍不住逃掉了，还喝得酩酊大醉。一名记者阴错阳差地将她带回了家，随后开始了一段短暂的爱情。

这是一部充满着罗曼蒂克色彩的喜剧。当奥黛丽还在饰演吉吉的时候，她的名气就已经传到了派拉蒙影片公司那里。好莱坞的星探将奥黛丽的情况告诉了大导演威廉·惠勒。惠勒特意跑到剧院里欣赏了奥黛丽的演出，一看到奥黛丽那美丽的面庞和投入的表演，惠勒忍不住惊呼："我终于找到我的公主了！"

于是，他们想办法接近奥黛丽的母亲艾拉，并让她劝说女儿去参加安妮公主的选聘。

艾拉在得知这个消息后当然非常高兴，但是奥黛丽却不愿意去。一方面她已经决定要饰演吉吉，如果她面试成功了，那么可能就不得不放弃经过千辛万苦才初见成效的《吉吉》。另一方面，她已经决定《吉吉》一演完就马上和汉森举行婚礼。她有自己的计划，对于《罗马假日》，她没有任何兴趣。

同时，演出人阿瑟·弗里德也不愿意让奥黛丽去。他担心奥黛丽一旦被选上，之前签的《吉吉》的合同可能就要告吹了。

不过，不管谁反对，艾拉都依然坚持自己的观点。事实证明，她的坚持是正确的。可以说，最后奥黛丽是被母亲强行拉着才硬着头皮参加了《罗马假日》的面试。

奥黛丽根本没有抱什么希望。然而越是这样满不在乎的态度，越是能让她达到最佳的状态。面试的戏是公主穿着睡衣在一张大床上做仰卧起坐。多年的芭蕾舞学习让奥黛丽的身体柔软得像一只小猫，她极其自然地完成了一系列规定的动作，从头到尾都是那么协调，身上有一股孩子气，更有一股优雅的贵族气息。

奥黛丽将双臂伸向那装饰华丽的天花板，一双漂亮的大眼睛眨动着，那样子有些顽皮，有些天真。她却浑然不知，一架摄影机正在悄悄地对着她拍摄。这段珍贵的影像资料得以保存下来，那段黑白影片里，记录下了一个最真实的奥黛丽。

很多东西，有时候我们越是不在乎，反而越容易得到。轻松的心态，是走向成功的重要因素之一。奥黛丽万万没有想到，就是这次不经意的面试，彻底改变了她的人生。

这是她走向辉煌的一个最重要的转折点，如果不是这次面试，或许她真的就会在《吉吉》演完后与汉森结婚，然后过上柴米油盐的生活，我们也不会知道"奥黛丽·赫本"这个响亮的名字了。

奥黛丽顺利地通过了面试。派拉蒙公司对奥黛丽非常满意，他们马上签下了合同。

这是一个相当意外的收获。既然已经通过了面试，奥黛丽便不得不把自己的计划作一个调整。阿瑟和派拉蒙公司达成协议，让奥黛丽先演《吉吉》，再参加《罗马假日》的拍摄，然后再继续演《吉吉》。

此时，《罗马假日》里饰演记者的男主角也已经选定，就是当时的好莱坞著名影星格里高利·派克。也是因为这部电影，奥黛丽与派克开始了持续一生的深厚友谊。

人选确定后，紧接着就是服装的设计。为公主设计服装的是伊迪斯·海德。她是好莱坞著名的服装设计师，曾经为很多著名的影星设计过服装。她长得小巧玲珑，高贵而冷艳，谨慎而干练。奥黛丽对她很敬重。

在服装设计上，奥黛丽也颇有见解。在她们第一次见面的时候，奥黛丽穿着一件白衬衫，外罩一件宽松的罩衫，脚上穿着平底鞋。这样简单的打扮，在奥黛丽身上却产生了一种优雅的效果。她们开始一起研究公主的衣服，两人的合作很默契。

海德为公主设计的服装有两种，一种是公主的皇家服饰，一种是公主的平民服饰。皇家长袍采用了锦缎的面料，上面装饰着象征政权的星星，袖子剪裁成齐肘长的样子，这样可以凸显出公主的高贵气质。至于平民服饰，她只是将奥黛丽自己的衣服加以改造。白衬衫，棉布裙，平底鞋，这些都是奥黛丽平时衣着的最爱。所以，我们在《罗马假日》中看到的奥黛丽作为一个普通姑娘出现时所穿的衣服和她平时的衣着差不多。

奥黛丽的打扮打破了时尚界以性感为美的传统。在《罗马假日》公映后，公主的形象像一阵旋风般席卷了时尚界，对此，《纽约时报》评论说："一见到《罗马假日》里奥黛丽·赫本的打扮，几乎有一半的年轻女孩不再把内衣填得满满的，也不再蹒跚地踩着像钻孔锥般细的高跟鞋走路了。"

《吉吉》演出结束。奥黛丽回到自己的寓所小睡几个钟头后就赶紧起身，收拾行李直奔机场飞往罗马。

对于这样繁忙的生活，奥黛丽没有抱怨，相反，却感到很开心。人生，只有充实起来才能得到真实的快乐。很多人在空虚与寂寞中高呼"活着真没意思"，其实，如果能让自己忙起来，让生活充实起来，就再不会有这种感觉了。有时候，忙碌本身也是一种价值，它让你的生活色彩艳丽，每一时每一刻，都能找到一种存在感，一种价值感。

飞机在罗马机场降落，闻讯赶来的各家报纸记者已在那里等候多时了。奥黛丽一下飞机，就被记者和接二连三的闪光灯包围了。这样的阵势着实让她吓了一跳。不过，良好的修养让她面对这样的场景时依然镇定自若，没有丝毫慌乱。

派拉蒙公司为奥黛丽和派克两位主角在罗马"精益求精"旅馆举办了隆重的招待会。这是奥黛丽第一次见到格里高利·派克。她为能见到这位赫赫有名的好莱坞明星而激动，更为能与他成为搭档而兴奋不已。

那时候派克刚过完36岁生日，高高的身材，英俊潇洒，作风正派，又平易近人，没有一点大明星的架子。

奥黛丽和派克握手的时候，为他的魅力所慑，一时间竟一句话也说不出来。面对派克，她就像一个影迷一样。这个可爱的公主几乎忘了，自己也是招待会的主角。派克为人善良诚恳，很会体贴人。从他见到奥黛丽的那一刻起，他就意识到，《罗马假日》将是属于眼前这个美丽公主的，只要这个年轻姑娘作为主角出现在银幕上，就是一颗光芒四射的明星。

拍摄《罗马假日》是非常辛苦的。他们取景的地方总是有很多人，必须要清路上的行人、车辆。这可是一个相当浩大的工程，一方面，行人都是走动的，刚刚清走了这批人，下一批又来了。另一方面，那些喜欢看热闹的意大利人听说有拍电影的，都蜂拥而至，凑过来看热闹。

终于，行人驱散了，路障竖起来了，汽车改线了，有轨电车停驶了，大楼腾空了，公共纪念物的参观也停止了……为了完成这些任务，他们只能向每一个行人"行贿"。但不管怎么说，他们终于取得了一定的成果。

然而，还有一件最让大家伤脑筋的事情，那就是持续不断的噪音。电喇叭声，出租车和乘客的争吵声，围观人群指手画脚的评论声……最要命的，是当时的政治形势问题，各派别的人频繁在街上发生斗争，动不动就有机枪开火的"嗒嗒"声响起来，有时候还会发生爆炸事件。当时5月选举刚过，罗马城发生了几起流血事件。在罗马城上空，经常盘旋着飞机。这种轰鸣声同样对影片的拍摄造成了重要影响。

这个充满着古典浪漫气息的城市正处在一个非常糟糕的气氛下。要想在这里找到一片安宁，简直是太难了。按照剧情，公主和记者会到一个安静的秘密处幽会。其实，在罗马城里，这样充满罗曼蒂克色彩的地方随处可见，但问题是，不管在哪里，都有很多人，而且那些围观的群众还会跟着剧组跑。当电影拍摄到一些比较亲密的镜头的时候，围观的人更多了起来，仿佛罗马城里一半的人都来了。他们又是大笑又是大喊，冲着演员扮鬼脸，让剧组伤透了脑筋。

那时正值炎热的夏天，那是罗马城有史以来最热的一年，而剧情要求演员要装成凉爽舒适的样子。演员脸上化的妆被汗水冲成了斑马线，他们不得不一次又一次拍摄。

剧组面临着重重困难。为了能弄到一辆低座小摩托，以便于追逐奥黛丽和派克进行拍摄，他们也是费了九牛二虎之力。惠勒导演对影片的要求非常严格，只要有一点瑕疵，他就会马上要求重拍。有时候，为了拍摄一个镜头，他们一个下午要重复好几十回。

就像以前一样，奥黛丽依然任劳任怨。面对一而再再而三的重拍要求，她没有任何抱怨，总是非常配合，每一次都非常投入。她和导演想的一样，都希望达到最佳效果。

酷热的天气让大家都没有食欲，为了保持体力，只能勉强地吃一点点。奥黛丽几乎什么也吃不下，只喝一点香槟。即使这样艰苦，她依然严格地要求着自己。在这位美丽的公主身上，我们看不到一点公主的坏毛病。

9月，《罗马假日》终于拍完了。熬过了一个酷热的夏天，奥黛丽来不及休息，又赶去参加《吉吉》的巡回演出。那时戏票已经预售出去，奥黛丽必须按照规定的时间到达。

本来，奥黛丽是想飞往加拿大看望汉森的，但是她已经完全没有时间了。而此时的汉森，依然乐观地计划着与奥黛丽结婚。这个可怜的年轻人还不曾想到，等待他的将是一场空欢喜。

艾拉依然坚决地反对女儿与汉森的婚事。在她看来，奥黛丽必须以事业为重。面对母亲持续不断施加的压力，奥黛丽终于放弃了斗争。在芝加哥的首映式上，奥黛丽无奈地宣布，她与詹姆斯·汉森的一切全都过去了。

有些人，有些事，只能在记忆里成为一段刻骨铭心的过往。汉森是无辜的，但同时，他也是幸运的。能够与奥黛丽拥有这样一段美丽的过往，已经足够令许多人羡慕不已了。

——《罗马假日》剧照

_朋友以上，恋人未满

《罗马假日》大获成功。这部黑白电影成了影视界的经典之作，即使在今天，它依然有着无可比拟的影响力。奥黛丽饰演的安妮公主形象也给世人留下了极为深刻的印象，很多女孩开始疯狂地模仿公主，她们将头发剪短，穿上白衬衫和到小腿的裙子……

在《罗马假日》上映30年后，格里高利·派克和他的妻子到中国北京参加《罗马假日》在中国的放映仪式。当他们走出飞机的时候，眼前的40个女孩让他们震惊不已，派克回忆说："我看到40个和《罗马假日》里安妮公主一模一样打扮的女孩，她们都留着刘海，梳着赫本头，裙长到小腿，还有衬衫——我想她们很渴望见到年轻时代的格里高利·派克，结果却是一个头发灰白、嘴里叼着烟斗的老先生。"

在电影里，公主和记者注定无法在一起。当他们不得不分别时，两个人流着泪深情拥吻。在现实中，奥黛丽和派克结下了一生的真挚友谊。对奥黛丽这个初出茅庐的天使般的姑娘，派克总是能给予她细心的关怀与体贴。

1953 年，《罗马假日》拍摄完毕即将上映，宣传海报也张贴了出来。派克发现，海报上他的名字格外醒目，而奥黛丽的名字却很小，只藏在一个小小的角落里，如果不细心看的话很容易忽略掉。大概是制片方觉得派克的名气比较大，容易吸引观众，而奥黛丽还只是一个名不见经传的小女孩，不容易引起观众的兴趣。

派克马上通知制片方，要求把原来演员表上的"格里高利·派克主演"改成了"奥黛丽·赫本主演"。这个小小的变动，对于奥黛丽来说有着莫大的意义。

派克是奥黛丽一生的知己，那份难能可贵的真情，要比奥黛丽所经历的爱情更能感动世人。当他们还在拍摄《罗马假日》的时候，一些捕风捉影的小报就开始谣传奥黛丽与派克的绯闻。奥黛丽非常生气，派克则一直细心地安慰她。他们的友情纯洁而永恒，就算他们有各自的家庭，就算他们各自为工作的事情不停地忙碌，两人依然保持着联系。

奥黛丽的第一任丈夫是派克介绍的。在她的婚礼上，派克送了她一枚蝴蝶胸针作为结婚礼物。奥黛丽非常喜欢这枚胸针，终其一生，她都将胸针珍藏在自己的身边。新婚后，奥黛丽经常给派克寄去明信片，那些只言片语的祝福，让这份友情更显得弥足珍贵。

奥黛丽与梅尔·费勒离婚后，派克从大洋彼岸打来电话。奥黛丽不愿意对别人谈起自己的婚姻，她总是把那些刻骨的伤痛埋在心里。但是对派克，她却能敞开自己的心扉。她哽咽着说："在这个圈子里，婚姻真难维持啊！请你相信我，我是把婚姻、家庭生活放在第一位，而把事业放在第二位的。我本来想白头偕老，但太难了，太难了！"

派克就像一直守护在公主身边的天使，总能给奥黛丽带去发自内心的关怀，让受伤的公主触摸到人间最真诚的温暖。

奥黛丽对派克同样是非常坦诚的。1974 年，派克 30 岁的大儿子自杀身亡，白发人送黑发人，派克痛不欲生，躲在屋子里不愿意见任何人。但是，当惊闻噩耗的奥黛丽从瑞士匆匆赶来的时候，派克终于打开了大门。奥黛丽同样被这巨大的悲痛侵袭着，她是那么喜爱孩子，她能感受到好朋友失去孩子的巨大痛苦。

每次到美国，派克家总是奥黛丽要去的第一站。如果有什么特殊的事情而不能去看望派克，奥黛丽总会提前打电话说："派克，真对不起，我要先到别人那里去一下。"

派克一家人也都非常喜欢奥黛丽，总是很欢迎她的到来。

奥黛丽与派克的这段传奇友情，是他们彼此之间最为珍贵的一笔财富，也同样是演艺界里的一段传奇。总有人说，影视圈里尔虞我诈，没有真正的朋友，甚至没有真正的恋人。但是公主与记者的这段故事，却用事实驳斥了这个谬论。其实，茫茫人世间，只要付出真心，便会收获真心。

在《吉吉》上演之前，奥黛丽就读过萨缪尔·A·泰勒写的喜剧《龙凤配》。故事讲的是长岛一位汽车司机的女儿非常迷恋雇主的次子，去巴黎的餐饮学校学习后，她从一只丑小鸭变成了美丽的白天鹅，回到家后，以前对她不理不睬的雇主次子开始猛烈地追求她。有门户之见的雇主长子为了阻止这段不恰当的恋情，便也介入其中，最后竟发现自己也无可救药地爱上了这个女孩。

剧本的内容很精彩，奥黛丽一直非常喜欢。在拍完《罗马假日》后，奥黛丽勇敢地向她的代理人说，希望派拉蒙公司把这部作品买下来，她要饰演女主角。

此时，奥黛丽的潜力已经被渐渐发掘出来，派拉蒙公司非常看好她，尤其看到她在《罗马假日》中的表现以后。派拉蒙公司相信奥黛丽可以演好这个角色，便欣然接受了奥黛丽的建议。

于是，《龙凤配》的拍摄提上日程。奥黛丽担任女主角，邀请奥地利著名导演比利·怀尔德执导。奥黛丽听说这次为她设计服装的还是伊迪丝·海德，不禁非常高兴。她与海德很默契，两个人的意见也很容易达成一致。

当奥黛丽在旧金山参加《吉吉》的巡回演出时，海德来找奥黛丽，两个人一起研究《龙凤配》的服装。因为这部电影重点在穷姑娘从巴黎回来以后的改变，两人都对从巴黎回来那段的服装非常感兴趣。奥黛丽对服装也颇有研究，总是能提出新颖独到的见解。

然而，就在她们兴致勃勃地研究服装的时候，却不知道怀尔德导演已经安排由巴黎最好的时装设计师休伯特·纪梵希来设计穷姑娘从巴黎回来后的那些服装，而海德只负责穷姑娘去巴黎之前的服装。

这对海德来说是一个沉重的打击。她气愤地说："我成了好莱坞卖破烂的女王啦！"

奥黛丽也同样感到非常震惊。不过，她明白导演的良苦用心，也不得不承认，这个决定是明智的。而且，她也为能穿上巴黎时装设计师所设计的服装而兴奋。她非常礼貌地向海德表示了歉意，然后飞往巴黎，去见纪梵希。

那时纪梵希刚满 26 岁，虽然年纪轻轻，但已经是巴黎著名的时装设计师。他出生于一个富裕的企业主家庭，从小受到良好的教育。早在他读大学低年级的时候，他就开始了时装设计。18 岁，他已经开起了自己的时装店。几年的时间，他就跻身于巴黎名设计师行列，而且越来越独领风骚。在奥黛丽来巴黎的前一年，他又开了自己的一家高级时装店。26 岁的他长得英俊潇洒，身材高大，有着深色的头发和眼睛。

1953 年的夏天，奥黛丽第一次见到了纪梵希。

那天，奥黛丽穿着休闲窄脚裤、白色衬衫、平底鞋，戴着她在罗马拍摄《罗马假日》时所戴的宽边帽。她早早地就到了纪梵希的住处，但是还没有到约定的见面时间，便一直在外面等候。从小，她的母亲就这样教育她：太早赴约和迟到其实是一样没有礼貌的。

奥黛丽为能见到这位巴黎赫赫有名的时装设计师而兴奋，甚至有些紧张。她早就听说过纪梵希的大名，能穿上这位著名的时装设计师所设计的服装，不知是多少女孩的愿望呢！

想到 8 年前在荷兰的时候，她还只能穿自己缝制的衣服，而现在，她却能踏进令人炫目的高级时尚界，这样强烈的反差简直让人不敢相信。

时间一分一秒地过去，终于到了约定的时间。奥黛丽极力压制着自己的紧张情绪，抬头挺胸，将身体站直。门卫为她打开大门，礼貌地说了声："小姐请进。"

房间里有淡淡的百合香味，让人感到神清气爽。奥黛丽告诉门房："我要见纪梵希先生。"

门房一面答应着，一面将她引上楼。

这是奥黛丽与纪梵希的第一次见面。奥黛丽比纪梵希小两岁，这次见面，是他们一生珍贵友谊的开始。纪梵希在看到这个瘦瘦的女孩时，感觉她就像某种脆弱的小动物，一捏就碎："她的双眸明亮美丽，她实在很瘦很瘦……脂粉未施，很有魅力的一个女孩子。"

这是纪梵希对奥黛丽的第一印象。其实，在纪梵希接待奥黛丽之前是有些失望的。他从来没有听说过奥黛丽的名字，当有人告诉他奥黛丽将会到他那里挑选新戏的服装时，他想到的是当时已经赫赫有名的好莱坞巨星凯瑟琳·赫本（Katharine Hepburn），纪梵希说："如果是凯萨琳·赫本的话，我一定会很高兴地前去迎接。"

然而，当他见到了这个名不见经传的女孩子之后，此前的失望情绪便一扫而光了。因为奥黛丽的出现，让他设计的服装有了鲜活的生命。

当时的纪梵希正处在秋冬季时装展的最后冲刺阶段，这样关键的时期让他无法分身再去单独为奥黛丽设计戏服。奥黛丽便想到了一个折中的办法——从他上一季的设计中挑选几件作为戏服。纪梵希欣然同意了。

奥黛丽挑选的第一套衣服是灰色的羊毛套装，是以前为科利特·瑟夫（Colette Cerf）量身定做的。她穿起来非常合身，看起来倒像是为她量身定做的。就是这一件普通的衣服，在奥黛丽身上却出现了令人震惊的变化：衣服仿佛有了生命，在奥黛丽那纤瘦的身体上熠熠生辉。

纪梵希无比惊喜："她穿着那件套装缓缓走来，真是神采飞扬。"

奥黛丽就是有这样的魅力，不管是普普通通的衣服，还是时装大师设计的衣服，她都能穿出别样的味道来。

然后，奥黛丽又挑了一件白色无肩带的晚礼服，腰身上有一层薄纱直泻而下，上衣和裙身、裙摆都绣有黑色丝绒的花卉图饰。这件衣服和奥黛丽那曼妙的身姿搭配起来，简直是绝配。

第三件衣服，奥黛丽挑了一件黑色的洋装。她非常喜欢这件衣服平领露肩的设计，这样刚好能遮住她消瘦突出的锁骨。而且，衣服的腰身采用了贴身的剪裁，袖子是削肩剪裁的。下身是长及小腿的芭蕾舞圆裙，这样也正好能把她过瘦的双腿遮掩起来。

随后，纪梵希邀请奥黛丽去格兰大道上的餐厅用餐。奥黛丽的紧张情绪已经平复了许多，她举止优雅，坦诚地和纪梵希交谈。她告诉他，自己在刚拿到《罗马假日》的片酬时，就跑去花高价买了一件纪梵希设计的外套。她毫不避讳地表露自己对这位时装大师的崇敬，就像刚见到格里高利·派克时那样。

对于服装，纪梵希是设计大师，而奥黛丽也颇有自己的见解。纪梵希曾说："女人不是单纯地穿上衣服而已，她们是住在衣服里面。"奥黛丽的想法与他不谋而合，这份默契，让他们的友情与日俱增。纪梵希为奥黛丽设计的服装的名气甚至不比奥黛丽本人的名气小，在奥黛丽身上，纪梵希设计的服装产生了惊人的魅力。奥黛丽曾不无感叹地说："只有穿上他设计的衣服，我才是原来的我。"

纪梵希设计的服装，让奥黛丽的优雅开出了一朵绚烂的花。在以后的日子里，纪梵希几乎成了奥黛丽各类服装的设计者。

奥黛丽留在银幕上的经典形象与纪梵希有着重要联系，可以说，纪梵希创造了奥黛丽的形象。奥黛丽赋予了纪梵希的服装以生命，而纪梵希则为奥黛丽的生命披上了最美的外衣。

奥斯卡领奖台上的慌乱女孩

在《龙凤配》中，亨弗莱·鲍嘉饰演雇主的大儿子，威廉·霍登饰演雇主的小儿子。两个人都是赫赫有名的大明星。那时候鲍嘉刚刚演完《叛舰喋血记》，整个人仿佛还沉浸在那部戏里。他脾气暴躁，容易激怒，就算是对导演也毫不客气，甚至骂他是"纳粹"。鲍嘉对他的"弟弟"霍登更不客气，常常因为一点小事就开始谩骂，而霍登也不是省油的灯，面对"哥哥"咄咄逼人的架势，干脆与他对骂起来。

那时候奥黛丽还只是个初出茅庐的小姑娘，在鲍嘉眼里就像个什么也不懂的孩子一般。他打心眼里瞧不起这个女孩子，与她配戏，他觉得很委屈自己。而对《龙凤配》这部戏，他同样不看好，认为这是一堆破烂。

面对鲍嘉的冷眼，奥黛丽只能默默忍受。良好的修养让她总是能保持微笑，即使自己的搭档满眼鄙夷，即使她的心情也非常糟糕，但是她依然能控制自己的情绪，做好自己的工作。

霍登对奥黛丽的态度与鲍嘉恰好相反。他就像在电影里那样，热切地爱上了奥黛丽。他身材魁梧而匀称，擅长拳击，非常有男子汉的味道，也懂得怎样讨女人欢心。他结婚多次，拍《龙凤配》的时候，家里还有妻子、一个已经成年的女儿和两个儿子。

奥黛丽美丽而优雅，霍登不禁为她倾倒，而霍登的潇洒俊朗也同样吸引了奥黛丽。于是一段爆炸式的爱情发生了。

然而，奥黛丽不愿做一个破坏别人家庭的人，何况，她想要的是一个稳定的婚姻，一个美满的家庭。如果霍登能为她与现任妻子离婚，那么说不准以后也会为别的女人与她分手。最主要的是，奥黛丽想要自己的孩子，但是霍登已经失去生育能力。

无论如何，这段短暂的爱情一闪即逝。奥黛丽决绝地退出了这场爱情，没有迟疑，没有犹豫。每一个女孩，在爱神突然降临的时候都会有些不知所措，慌乱地便坠入情网。聪明女孩会懂得在清醒过来的时候怎样去做，做错事不可怕，可怕的是没有回头的勇气，让自己越陷越深。

1953 年 8 月 20 日，《龙凤配》正在紧张地拍摄之中，与此同时，《罗马假日》在伦敦举行首映式。奥黛丽不得不离开纽约，匆忙飞往伦敦。

一时间，对奥黛丽的赞美铺天盖地席卷而来。很多报纸都纷纷夸赞奥黛丽，惊叹"一个新的嘉宝出现了"。人们为奥黛丽迷人的气质与美丽的面庞而疯狂，很多年轻的女孩子也纷纷把奥黛丽当成模仿的对象。她们纷纷将长发剪成安妮公主那样的短发，这种发型甚至有了一个专有的名称——"赫本头"。还有白衬衫和平底鞋，也都一夜之间成了年轻女孩的宠儿。

仅仅是一周的时间，奥黛丽就成了国际知名人士。全世界都在播放她的新闻片，电视台甚至在黄金时间来赞美她。初登影坛的奥黛丽就受到了人们普遍的喜爱与欢迎，这是奥黛丽始料未及的。

面对这些铺天盖地的赞美，奥黛丽没有骄傲，没有自满。她只是谦逊地回应着人们的夸赞，依然冷静地做着自己的工作。与一些巴不得被公众包围的明星不同，奥黛丽常常会设法避开公众。她不愿意成为新闻界的热点，面对无休止的闪光灯和晃动的镜头，她总是很低调。

参加在伦敦的《罗马假日》首映式的时候，奥黛丽多次在放映过程中藏起自己的面孔。如果可以，她甚至希望能自始至终躲在女士休息室里。只是，让她没有想到的是，她的谦逊与低调让她得到了更多的赞美。

《罗马假日》大获成功。当时，正赶上英国公主玛格丽特下嫁平民摄影师阿姆斯特朗·琼斯，很多家报纸将电影中的故事和现实中的这桩大事联系在一起，庆贺这两件喜事。

1953 年 10 月 7 日，《时代》杂志将奥黛丽的侧面像刊登在了封面上。杂志中的文章这样评价她："奥黛丽·赫本给占老的罗曼史注入现实感，这在以前很少有人能做到。"文章中还把奥黛丽比作莱茵石，"莱茵石的闪光，使人相信，派拉蒙的这颗新星确实是熠熠生辉，像一粒精雕细琢的钻石般千姿百态，在她年轻的脸上瞬息万变，逐一变换。"

离开伦敦后，奥黛丽又飞往意大利的威尼斯水城参加了威尼斯电影节。之后返回好莱坞，参加了几个招待会后又开始了《龙凤配》的配音工作。之后，又参加了话剧《美人鱼》的演出。

于全世界的电影演员来说，奥斯卡是一个神坛，是人人梦寐以求的荣耀。作为"美国梦"的一种承载形式，许多人终其一生，都在追逐那场虚妄的欲望盛宴，期盼能够捧回一项小金人，对自己的演艺生涯有一个完满的交代。

1954 年 3 月，新一届的奥斯卡再度吹响了号角，媒体与商家纷纷卷起了袖口，准备拿下转播权，各路导演、编剧、演员也都摩拳擦掌，准备在新一届的厮杀中，博得一席之地。从某种意义上来说，这里也是一处战场。

作为影坛新人的奥黛丽·赫本，从未想过自己能够沾上这层荣光。所以当她接到消息，说自己因为安妮公主的角色而获得了奥斯卡最佳女主角提名的时候，她露出了不可思议的神情。

除了幸运，她更多感受到的是恐慌与不安。她知道，有许多演技精湛的资深演员在遥望那个奖项，而自己只是一个刚刚跨入大银幕的新人，何德何能，能够撑得起这项殊荣呢？

颁奖典礼的那一天，她匆匆忙忙从《美人鱼》的话剧舞台上谢幕，带着不合时宜的油彩浓妆，穿着可笑的渔网演出服，奔跑在纽约的街道上。此时正是料峭三月，寒风一下子吹透了她的薄衫。她蜷缩着肩膀，带着一颗惴惴不安的心，坐上了出租车。

奥斯卡颁奖典礼是全球电影人与电影观众的盛宴，她不想在如此重要的场合迟到。而连续几天的演出，已经让她身心俱疲，此时她最渴望的是一张大床，可以蜷缩在上面睡上美美的一觉。

当车轮距离典礼现场越来越近的时候，她也不由得感到了内心的紧张。她根本无法想象，自己能否融入那个场合，会露出何种神情。

车门打开，当足尖刚刚点地，数不清的记者与影迷簇拥了上来。她被"咔嚓咔嚓"的镁光灯晃得看不清道路，那灯光仿佛在一瞬间摄走了她的灵魂，她只得不断告诉自己"要镇定"，于是她尝试着挤出一丝优雅的微笑，在簇拥下快步走进化妆间。

纪梵希为她准备好了一件美丽的白色长裙，她忙乱地换上那件礼服，还来不及卸妆，就被催促着进入会场。打开化妆间的门，镁光灯的噩梦二度袭来，她已经辨不清世界的颜色，眼前天旋地转，脚下像踩着软塌塌的棉花。

穿过记者的长枪短炮，她摸索着找到了自己的座位。此时主持人正在宣读最佳女主角的候选人名单，当念到"奥黛丽·赫本"的名字时，摄像机对准了她的脸庞，将一个惊魂未定的女孩子收入镜头。

接着，颁奖嘉宾用夸张的动作拿出一个信封，仿佛慢动作一般抽出一张纸，并缓慢地打开。这个几秒钟的动作，牵动了无数人的心。奥黛丽·赫本也被突如其来的紧张淹没，她不由自主地开始咬指甲，这个小动作是儿时的习惯，每当感到紧张时，她都会这样做。

结果终于揭晓了，"第二十六届奥斯卡最佳女主角奖获奖者——

奥黛丽·赫本"。震耳欲聋的欢呼声再度响起，她再度被镜头所包围，大脑一片空白。

在混乱之中，她已记不得自己是如何登上那个舞台的。这个年轻的女孩完全乱了分寸，慌乱得像是一个孩子。本该在舞台左侧登台的她，不知为何跑到了舞台的右侧。主持人有些忍俊不禁，连忙通过麦克风提醒她："赫本小姐，请从这边上来，有请。"

面对这个小小的乌龙事件，现场观众报以了善意的笑声。他们可以理解，这个年轻的新人，还没有做好充分的准备，来接受这份人生厚礼。

站在美丽的舞台中央，掌声雷鸣般响起，奥黛丽恍然觉得这是一个梦境。因为懊恼于刚才的失态，她不满意地皱了皱眉，大屏幕上放大了这个微小的神情，却让人更加看到奥黛丽的可爱与真性情。

当象征着无限荣耀的小金人被递到她的手中时，她仍然惊魂未定，不知作何反应。一个转身，又差点和司仪小姐撞了个满怀。在全程直播的过程中，这些动作都被详细地收录下来，让奥黛丽无地自容。

此时，主持人再度提醒这个慌张的姑娘："下面，请奥黛丽·赫本小姐为我们发表获奖感言。"她眨了眨美丽的大眼睛，努力从空白的大脑中调动起几个词汇或是句子，最后开口说道："这真让人有点受不了。"

满场再度响起笑声，人们都被这个紧张的女孩逗乐了。奥黛丽的舌头早已打了结，她觉得自己丢脸透顶，于是匆匆讲了几句客套话，便逃也似的奔下了舞台。

在巨大的荣耀下，这个年轻女孩所感受到的，不是骄傲与满足，而是时时刻刻的不安和局促。她觉得自己糟透了，但其实在观众的眼里，一切都很自然。奥斯卡的荣光下，太多资深影人泪洒舞台，语无伦次，何况这个初出茅庐的影坛新人。

下台之后，奥黛丽收起僵硬的微笑，想要找个地方安静片刻。不想，人群纷纷涌向自己，他们伸出手向自己祝贺，那些面孔，有些陌生，有些熟悉。她只得再度挂上微笑，对所有人彬彬有礼地致谢。

灯光下，多日来的劳累再度袭来，她感到身体快要支撑不住了，手脚也冰冷得如同冰块。可是表演仿佛并未结束，她只得咬牙坚持着。

学院校长琴·赫肖特女士向她表达了祝贺，她们礼貌地拥抱，随后赫本应该亲吻院长的脸颊，魂不守舍的她却吻在了院长的唇上。院长女士错愕了几秒，随即大笑起来："天啊，我可真是幸运的人。"诸如此类的乌龙表现，当晚在奥黛丽身上接连不断地发生着。

典礼之后，表演仍未结束，等待她的是记者招待会。"赫本小姐，您与小金人共同合个影好吗？我们可以用在明天的报纸上。"记者们善意地提醒着这个疲惫的姑娘。

奥黛丽转过身去，却发现小金人丢了。她更加慌乱，匆忙跑到刚刚经过的各个角落去寻找奖杯。奥斯卡的工作人员听说这件事情，也全部行动帮她寻找。赫本难过得快要哭出来，这个晚上她好像已经彻底搞砸了。

最后，工作人员另外拿了一个小金人给赫本，让她拍照使用。第二天的报纸头版上，这个满脸油彩的姑娘，双手捧着不属于自己的小金人，兴奋中隐隐透着一丝哀伤。

一周后，人们在女士专用休息室的沙发上，看到了那个被遗失的小金人，它与自己的主人终于再度相见。或许是缘分不深，多年后，这个小金人再度与赫本擦肩而过，被入室盗窃的小偷偷走。而赫本在未来的表演生涯中又多次获得过奥斯卡的提名，却没有获奖。

盛名之下，奥黛丽的生活发生了翻天覆地的变化。她成了媒体的宠儿，一方面有人高声称赞，一方面也有人埋怨她用并不精湛的演技抢走了不该属于自己的荣光。

喧嚣中，这个女孩开始渴望初始的平静，她感到自己曾经追求的简单快乐在一点点被抽离。在鲜花与掌声中，她终于明白，这一切并不是自己真正想要的幸福。

Sometimes, Meet for the separate

第五章

有时相逢是为了别离

在爱人眼中，找寻父亲的背影

当奥黛丽的演艺事业蒸蒸日上的时候，她的爱情也如约而至。

在伦敦参加《罗马假日》首映式的时候，格里高利·派克将自己的好友梅尔·费勒介绍给了奥黛丽。

梅尔当时 35 岁，长得高高瘦瘦的，一张棱角分明的脸，整个人俊朗潇洒。他擅长击剑、网球，为人诚恳，而且很会体贴别人。在工作上，他和奥黛丽一样是个工作狂。他总是忙碌着，从不休息。

梅尔的父亲是西班牙人，母亲是爱尔兰籍美国人。他曾在普林斯顿上大学，读大学期间就迷恋上了话剧，后来中途辍学。他曾经在墨西哥写过一部小说，在百老汇表演过舞蹈，丰富的社会阅历让他更加成熟而富有魅力。

在百老汇的时候，梅尔不幸患上了小儿麻痹症，右臂萎缩。但是坚强的梅尔握着熨斗拼命锻炼，硬是使右臂恢复了正常。后来，他又到了好莱坞，在《失去的分界线》中扮演一名黑人医生而一举成名。

梅尔是个非常有才华的人。他集制片、导演、演员于一身，在演艺界颇有威望。而且，他和奥黛丽一样，能够流利地讲多种语言。他讲话机智幽默，有很好的人缘。这个多才多艺的男人，很快吸引了奥黛丽。而美丽聪慧的奥黛丽，同样也吸引着梅尔。两颗热烈的心，渐渐越靠越近。

奥黛丽很希望能和梅尔一起演戏。这位风度翩翩的绅士，已经闯进了奥黛丽的心扉。她对梅尔的电影几乎了如指掌，比如《凶猛的牛群》中的斗牛士、古装戏《虚张声势的胆小鬼》中的恶棍，奥黛丽都非常熟悉。两个人聊起来，总是会有说不完的话题。看着她快乐地谈着自己的电影，梅尔对这个美丽的公主倾心不已。

童年时代父亲的出走，给奥黛丽留下了一生无法磨灭的阴影。当她到了谈婚论嫁的年纪，她对比自己年龄大一些的男人似乎更有好感。或许只有在比自己年龄大的男人身上，她才能找到那种久违的安全感。她多么渴望能有一双温暖的手，融化心中封冻了近二十年的冰山。

派克是奥黛丽最贴心的知己。他非常了解奥黛丽的内心感受，介绍梅尔和她认识，或许本来就是打算成全这对璧人。在晚会后不久，派克建议梅尔给奥黛丽打电话。他能从他们的眼睛里看出即将盛开的爱情花蕾，他希望奥黛丽能找到一个好的归宿，让这个缺乏安全感的公主早日拥有一个温暖的港湾。

那时梅尔已经结过两次婚，有 4 个孩子，而且他比奥黛丽大 12

岁。但是对于奥黛丽来说,这样的年龄差距更能激起她的迷恋情怀。在恋人的眼睛里,她似乎看到了父亲的温暖。她崇拜梅尔,对他的演技非常钦佩,同时不可抑制地迷恋着他那英俊的外貌、体贴入微的性情。

于是很快,他们在一起了。

因为奥黛丽表示希望能与梅尔一起演戏,并由他来挑选剧本,梅尔便挑了《美人鱼》。其实,他和奥黛丽一样,希望能一起演戏,以便与这位美丽的公主有更多的接触。

《美人鱼》取材于中古传说中的一个爱情故事:英俊的骑士汉斯为避雨来到一个神话王国的渔夫茅舍。在渔夫家,汉斯见到了美丽的水妖美人鱼,他们热烈地爱上了对方。但是,水族警告美人鱼说,汉斯是必死的人类。假如汉斯用那种必死的人类的恶行欺骗她,对她言而无信,那么,死亡将会迅速来到。美人鱼没有听水族的忠告,继续在自己的爱情中沉迷着。然而,汉斯对美人鱼纯洁的爱并不领情,他不能理解美人鱼的天真,对她纯洁的感情也渐渐感到厌烦。终于,他和另外一个女人订婚了,并污蔑美人鱼是女巫,打算杀死她以绝后患。最后,汉斯因为触犯了水族的法律而死去,美人鱼逃回了自己的世界,继续过着无生无死的生活。

这是残酷现实与罗曼蒂克式的幻想相结合的一部作品。奥黛丽非常喜欢这个剧本,并希望自己能担任美人鱼的角色。但是,一个新明星重返舞台去演话剧是违反惯例的,就像本来已经走到一个比较高的台阶后又跳回原来那个比较低的台阶上一样。所以,对于奥黛丽的决定,派拉蒙公司并不同意。更何况,《美人鱼》是一部高度理性的作品,很容易和观众的口味相左。

但是奥黛丽却不这么认为。她相信自己一定能演好这个角色，让观众喜欢自己，喜欢这部剧。她费了很大力气终于说服了派拉蒙公司，但是他们只给她半年的时间，包括排练和演出。如果演出效果好的话，他们还会将它拍成电影，依然由奥黛丽饰演主角。

奥黛丽非常开心，她立即开始了话剧《美人鱼》的准备。第一件事，就是服装的设计。奥黛丽飞到纽约，去和服装设计师瓦伦丁娜一起商讨服装设计问题。

瓦伦丁娜和她的丈夫都是白俄罗斯人，两个人都是著名的服装设计师，他们的服装常常经由明星们的穿戴而出名。在他们的房间里，有一个与真人同样大小的女人人体模型，又高又瘦，据说是以著名影星嘉宝为模特制作的。因为奥黛丽的身材同样是瘦瘦高高的，所以这个模型派上了大用场。

经过一番绞尽脑汁的思考，他们终于设计出了美人鱼的服装。因为美人鱼是海里的精灵，所以他们将服装设计得很有抽象美。

服装的问题解决后就是美人鱼的发式问题了。导演要求奥黛丽把头发漂白，因为他认为"她既然是一个深水生物，海水必然会把头发漂白，所以她不可能有深色头发"。但是，奥黛丽一直不同意。

在波士顿，《美人鱼》进行了首演。在开演的几个小时之前，奥黛丽最终妥协了，同意把头发漂白。漂过的头发让奥黛丽很不喜欢，梅尔也觉得很不舒服。这样的头发让他们觉得看起来很假，而且一副倒霉相。

于是第二天，奥黛丽就恢复了自己的天然发色。他们想到了一个新的方法：用一顶金黄色的假发来遮住奥黛丽本来的发色，这样看起来和头一天的效果没有什么不同。

但是，把这顶假发扣在头上，让奥黛丽感到又闷又热，也不能用手抓，因为一抓，假发就会乱动。看着镜子中的自己，奥黛丽还是觉得自己有一副倒霉相。

最后，他们终于找到了一个十全十美的方法：用金粉给头发着色，演出结束后可以直接把金粉洗掉。这样就方便多了。

在首演的当晚，奥黛丽还接到了她的代理人从好莱坞打来的电话，告诉她《龙凤配》在朗比奇和加利福尼亚的首映非常成功，观众都非常喜欢她，并对她大加赞美。这个消息让奥黛丽非常高兴，不过，她还是尽力克制自己的激动情绪，以免影响当晚的演出。

演出结束后，奥黛丽和梅尔兴致勃勃地谈起《龙凤配》。梅尔开心地说："真棒，是不是？"

但是奥黛丽依然很冷静。她回答说："啊，是的。"紧接着又说道，"整个戏不错，很美。可是你是否觉得第一幕的节奏太慢？"

面对从四面八方飞来的荣誉与潮水一般的赞美，奥黛丽依然保持着冷静的头脑。她美丽而智慧，就像一面平静的湖，任凭世界繁华与荒芜，她始终波澜不惊。

在演《美人鱼》的这段时间，奥黛丽和梅尔的感情飞速进展着。在舞台上，他们互诉衷肠，在生活里，他们的爱情与日俱增。和梅尔在一起，奥黛丽接触到了很多以前不曾了解的事物。纽约的夜生活让这个年轻的女孩迷醉，当然，她更迷醉的，是这份温暖的爱情。爵士乐也打开了她在音乐上的另一扇天窗。在那些日子里，尽管她常常疲惫不堪，但是心情是非常快乐的。

在梅尔 37 岁的生日之际，奥黛丽送给他一块白金劳力士手表，上面刻着他们共同喜欢的作家科沃德的书名：《爱上男孩》。恋人之间往往有很多共同的特质，这份相同让他们走到一起，总是有说不完的话题；同时也常常会有一些互补的地方，这份互补会让他们更加相互吸引，为彼此执着。奥黛丽与梅尔，便是在相同与不同中彼此吸引着。

《美人鱼》的演出也是非常成功的。人们兴致勃勃地谈论着这部剧，报纸、杂志上也毫不吝惜地大篇幅地赞美着《美人鱼》，当然，最重要的是赞美奥黛丽。波士顿戏剧评论界的老前辈诺顿也对这部剧给予了肯定。

《时代》杂志社的布鲁斯特·阿特金森认为这是部"极尽理想之作——理想的文学脚本、理想的演出、理想的剧院，经得起过细的推敲品味。"他认为奥黛丽的表演"可爱得要命"，对梅尔·费勒的表演也给予了很高的评价。

因为过度的劳累，奥黛丽在演完《美人鱼》后简直要垮掉了。在话剧还没有演完的时候，她就患上了贫血症，每天晚上，她的母亲都和医生一起等她回来。终于坚持到话剧演完，她就像一只断了线的风筝般软绵绵地瘫了下来。

梅尔飞到意大利忙着另一部片子，闲暇时间非常少。原本甜蜜的爱情，却被繁忙的工作割成了一块一块的细碎的幸福。奥黛丽自己也意识到，如果再不好好休息一下，很可能要生一场大病。

过度的劳累让奥黛丽患上了气喘病。梅尔和她商量，让她到瑞士去疗养。因为瑞士的环境非常好，那里空气新鲜，非常适合疗养。他们约定，只要奥黛丽身体一好，马上就结婚。

从瑞士机场出来后，奥黛丽租车前往格斯塔德，她在那里的一家旅馆订好了房间。路上，一直没有得到好好休息的她已经疲惫不堪，司机便建议她绕道去伯根斯托克休息一会儿。

奥黛丽没有想到，就是这个不经意的休息，对她的这次疗养有着重要的意义。伯根斯托克是世界上最豪华最文明的山区疗养地之一，它美丽又安静，而且各种生活设施如高尔夫球场、游泳池等都非常齐全。

一到这里，奥黛丽就被那美丽的景色吸引了。蓝色的卢塞恩湖镶嵌在群山之间，明媚的太阳在山头跳跃，暖暖的阳光洒落满湖，荡漾着无限的生机与快乐。碧绿的原野上，牛羊正懒洋洋地吃着草，像是一捧珍珠在绿茸茸的毯子上滚动着。

午餐的时候，这里的主人弗里茨·富瑞来看望了奥黛丽。他非常诚恳、和蔼，对奥黛丽很尊敬。他看过她在银幕上的形象，能够亲眼见到这位美丽的公主，他更感到荣幸备至。聊了几句后，他问奥黛丽要到哪里去。奥黛丽告诉他，到格斯塔德去。

富瑞不禁皱了皱眉头，因为他知道，那里住满了名人和旅游者，如果想安安静静地疗养，可能不太适合。但是他又非常尊重奥黛丽的决定，毕竟她已经订好了房间。他所能做的，便是非常体贴地告诉她："如果您觉得格斯塔德不清净，请打电话给我。我向您担保，您在伯根斯托克一定能得到清静。"

奥黛丽对富瑞表示感谢。稍作休息后，他们又上路了。一到葛斯塔德，一大群摄影师和记者就像一窝大黄蜂一样"嗖、嗖、嗖"地冲到奥黛丽的车旁。他们又笑又叫，甚至发狂地拍打着车窗。

这样的情形简直令人毛骨悚然。但是出于礼貌，奥黛丽还不得不拖着疲惫的身体打开车窗，回答他们的问题。于是，"你什么时候和梅尔·费勒结婚？""梅尔什么时候在意大利把电影拍完？""你的下一部片子是什么？""为什么你不在意大利和梅尔在一起呀？""你们之间是否有裂痕？"等等问题便像一阵黑旋风般，一股脑地向毫无准备的奥黛丽袭来。

奥黛丽的心情简直糟糕到了极点。一路旅途劳顿，还来不及休息就又赶上这样糟糕的事情。她极力控制着自己，才没有因为愤怒而喊出来。最后，她终于在旅馆人员的帮助下进到了自己的房间。一进门，她马上就把门从里面反锁了。

这一番折腾，简直让奥黛丽精疲力竭。她立即拨通了富瑞的电话，几乎是用哭腔告诉他，她要返回伯根斯托克，那儿要禁止记者前往，电话必须由总机监听。在得知了奥黛丽的遭遇后，富瑞非常体贴地告诉她，他会马上给她安排住处，眼下她可以住在他妻子的房子里—— 一所小小的木结构的斜屋顶房子。

在车上，奥黛丽伤心地哭了一路。当富瑞见到她时，不禁吓了一跳。他赶紧安慰她，并告诉她："我马上找医生来，我们有自己的医生。他能按您的需要随叫随到。同时，我们这就把您房间里的电话线掐断，使您不受电话干扰。如有需要，您尽管使用旅社的电话。我妻子和我会倍加小心使您的周围保持安静。除非您同意，任何人不得靠近您。因为您为寻找安静而来，伯根斯托克正是为寻求安静的人们预备的。"

贴心的富瑞让奥黛丽分外感动。正如富瑞所说，这里的环境非常优雅，正是疗养的最佳场所。小小的斜顶木房也别有情调，松软的椅子上罩着印花布的椅罩，窗帘上也印着漂亮的花纹图案。

伯根斯托克是难得的一块安静而美丽的宝地，奥黛丽在这里终于找到了久违的宁静。舒适轻松的生活，让她的身体很快好了许多。承载着无限希望与梦想的婚姻，也离她越来越近。

_他人即是地狱

在伯根斯托克，奥黛丽开始了从影以来的第一次休养。在这里，她能看到卢塞恩湖的美丽景色，能嗅到空气里冷杉若有若无的香气。香喷喷的烤面包和浓香的咖啡让人心情愉悦，加上一块美味的小蛋糕，这样简单的快乐却让奥黛丽有一种奢侈的满足感。

这是一个非常安静的地方，这也是奥黛丽喜欢这里的最主要原因。在这里，她可以放心地睡觉，不用担心被别人打扰。她的健康终于渐渐恢复了。

她对这个美丽的地方是这样评价的："世界上没有一个地方能像伯根斯托克那样给予我如此满足的平安。"她对朋友们说："这里是我最最喜爱的栖息之地。这里的人们真诚相待，人与人之间有一种真正的爱，我觉得我已经是他们中的一员，我们互相了解。"

她和梅尔的结婚日期定在 1954 年的 9 月 25 日。但是，她的母亲艾拉却一直不同意这段婚姻，因为她觉得梅尔不属于她那个阶级。但这一次，奥黛丽没有听从母亲的话。她义无反顾地选择和梅尔在一起，对家的渴望，对安全感的渴望，让奥黛丽奋不顾身。

　　快到结婚日期了，梅尔暂停拍片，从意大利飞到瑞士和奥黛丽一起办理结婚手续。艾拉虽然不同意，但是事实已经如此，只能闷闷不乐地从伦敦飞来，参加女儿的婚礼。

　　9 月 25 日很快就到了，他们在一个能俯瞰卢塞恩湖的小教堂举行了婚礼。奥黛丽穿着纪梵希专门为她设计的结婚礼服，头上戴着白帽，用薄薄的面纱遮住了美丽的脸庞，手里捧着一小束白色百合和粉红色玫瑰组成的花束和一本缎面的祈祷书。

　　这是奥黛丽永生难忘的日子。这一天，美丽的公主穿上了嫁衣，成了世界上最美的新娘。

　　奥黛丽不喜欢被那些疯狂的记者打扰，所以婚礼举行得很低调。那天到场的记者很少，甚至不少人都不知道他们结婚的消息。

　　从珍贵的黑白照片上，透过一重重时光的尘埃，我们依然能看到年轻的奥黛丽脸上洋溢着的幸福笑容。嫁给一个爱自己同时又是自己所爱的人，那便是全世界最大的幸福。那天，梅尔的妹妹朱莉亚为新娘做伴娘，艾拉的密友，前驻尼德兰大使、英国外交官纳维·勃兰德做奥黛丽的护送人。

　　小小的教堂里，管风琴正演奏着优雅的婚礼进行曲。教堂外面，飘飘洒洒地下起了小雨。雨声与琴声在空气中弥漫成幸福的味道，奥黛丽·赫本在那个美丽的季节如同盛开的花一样美到极致。

只不过，雨中的美总是让人有一些压抑感。或许，这是在冥冥之中预示着这场婚姻最后的结局。

他们的蜜月是在意大利度过的。因为梅尔的片子还没有拍完，只能选择到意大利去。为了避免遭到记者们的围追堵截，梅尔早就想好了对策。

在罗马城附近的阿尔班山上有一座美丽的葡萄园，还有一座加里波底时代建造的农舍，经过人们的修葺，这座农舍依然充满着生命的希望。梅尔把度蜜月的地点选在了这里，这样幽静雅致的地方也正是休息的好地方，同时他也可以继续拍片子。

这座漂亮的房子是用意大利花岗石和粉红色拉毛水泥建筑而成的。房子里有一个厨房，各种炊具、餐具一应俱全。房子附近有各种各样芳香四溢的鲜花，空气里仿佛都飘着甜甜的香味。在房子的四周，是修理整齐的葡萄园和长满庄稼的田地。

在这座小小的院落里，还有一只猴子、两只狗、九只猫和两只鸽子。这些可爱的小生灵更是为奥黛丽带来了无限的快乐。她很喜欢小动物，对它们，就像对自己的孩子一样。

新婚的奥黛丽沉浸在满满的幸福中。她是那么爱她的丈夫，梅尔高大的身材、成熟的气息，让这个从小缺乏安全感的女孩找到了久违的幸福。那种感觉，在父亲离开后就再也找不到了。梅尔的出现，让她重新找到了那份温暖。

奥黛丽给世人留下的印象除了漂亮、优雅，还有可爱。她的朋友奎恩这样评价她："可爱这个词是属于奥黛丽的。她比任何人都可爱。在所有与我合作过的人里，在可爱这方面，谁也比不过她。她精通业务，仁慈，文雅，体贴人，而且完全没有坏脾气。"

同样，在梅尔眼中，他的妻子是完美的，所以他竭尽全力去爱着自己的妻子，守护着这个美丽的公主。

与梅尔在一起是幸福的。奥黛丽天真地说："因为你，我终于可以嫁出去了。"

其实，喜欢奥黛丽的人不计其数，但是她总能保持一颗谦逊的心。在成功与赞美面前，她从来不会自高自大。有人说，大海正是因为把自己放在了世界的最低点，所以才拥有了托起整个世界的力量。奥黛丽就是这样谦逊，无论是在自己的容貌上，还是事业上，抑或是生活上。

然而，社会上对他们的婚姻给予最多的不是祝福，而是流言蜚语。一些小报谣传梅尔·费勒只是在利用奥黛丽来发展自己的事业，甚至在后来拍摄《战争与和平》的时候，有人谣传奥黛丽逼着制片人在这部电影中起用梅尔，否则她就不参演。其实，这些都是毫无根据的无稽之谈，因为梅尔比奥黛丽早几个月就被这部片子聘用了。

但是，谣言是不管青红皂白的。或许是人们觉得奥黛丽太完美，嫁给梅尔让他们觉得有些不甘心。他们希望美丽的公主能嫁给王子，现实却是嫁给了一位已经结过两次婚的中年男人。

每个人心里都有一个完美的愿望，他们不允许美丽的珍珠上有瑕疵。奥黛丽就像一个天使一样，让他们感到一种圣洁的美。但是，奥黛丽毕竟不是那不食人间烟火的仙女，她要有自己的生活。她需要一个温暖的家，需要梅尔这样的丈夫，需要他的疼爱，他的宠溺，他的保护。

在 1954 年的冬天，社会上关于梅尔利用奥黛丽的谣言越传越烈。媒体仿佛和梅尔有仇一般，拼了命地攻击这个温和敦厚的男人。梅尔对奥黛丽的感情是真诚的，他爱自己的妻子，正如妻子对他的爱一样。

梅尔为人忠厚、正直，对于那些写文章攻击他的作家，他并没有理会。他从来不会奉承专栏作家，或者给有关人士一些贿赂。所以，攻击依旧进行着。

奥黛丽和梅尔都是演员，每拍一部片子，他们往往就需要换一个地方。如果两个人接了两部不同的片子，那么他们就只好分开。

为了能和丈夫寸步不离地在一起，奥黛丽干脆宣布：没有梅尔参加的影片，她也不会参加。因为这一点，她拒绝在《美国红十字会里的琼》中担任角色，因为这部影片的导演没有用梅尔·费勒。

有一次，一位记者在采访奥黛丽的时候这样问道："你认为你身上的什么特质为你带来了成功和荣誉？"

奥黛丽略作沉思，回答道："学会放弃。"

人生中总是有舍才有得，很多东西，我们只能取其一，如果太过贪心的话，最终往往什么也得不到。在奥黛丽心里，家庭是高于事业的，她可以为了一个完整而温暖的家放弃自己辉煌的事业。

她只想做一个幸福的妻子、一个慈爱的母亲，而不是女强人。她曾经说："维系家庭是一项全职工作。如果我忙于为丈夫准备晚餐，却忘记第二天要排演的台词怎么办？在我丢了工作的同时也很可能失去丈夫。"

奥黛丽深爱着这个温暖的家，就像深爱着自己的演艺事业一样。在婚姻的初始，她总是和丈夫形影不离。一夜成名让她对安全感的渴望更加强烈，尤其是在遭遇了几次记者、影迷们的"狂轰滥炸"以后。

梅尔或多或少有一些大男子主义，他希望自己的妻子能小鸟依人地偎在他的怀抱里，乖乖地在家里等他回家。这也是很多男人所渴望的，梅尔有这样的想法，也无可厚非。

然而，奥黛丽的才华似乎远在梅尔之上。男人总是希望自己在任何方面都比自己的妻子强，如果被妻子比下去了，他们会觉得没面子。

梅尔所面临的就是这样的情况。时间长了，他也难免会感到自尊心受到伤害。于是，他只能通过男人天生的权威感来找回心理平衡。他开始独断地处理一些事情，他希望妻子是完全属于自己的，在思想上也应该服从自己。

这让奥黛丽感到很不舒服。每个人看待事情总是有不同的观点，很多时候，她能够周详地考虑两个人不同的角度，但是梅尔却依然独断。

思想是自由的，谁都不能去控制别人的思想。萨特说："他人即地狱"。当你与身边的人出现了不可调和的矛盾时，他人便成了你眼中的地狱。为了能维护这个家庭，奥黛丽不得不小心翼翼地说话、做事，她不想伤害丈夫的自尊心，更不想成为人们眼中尤其是丈夫眼中的女强人。

在1954年的10月，奥黛丽惊喜地发现自己怀孕了。她非常喜欢孩子，一直希望能拥有自己的孩子。想到自己即将做母亲，她开心极了。

她发誓要让自己的孩子过上快乐的生活，绝不会像自己小时候那样尝尽苦难。

然而，在第二年的 3 月，奥黛丽忽然腹痛难忍。担心与恐慌的情绪如同潮水般袭来，她害怕极了。她的心里已经有了一股不祥的预感。果然，她早产了。

早产的原因是她的身体太弱，而且，她的臀部和骨盆过于窄小，也是导致早产的重要原因。奥黛丽陷入一种极度痛苦的状态中，满怀的希望，一瞬间竟成了梦幻泡影。

所幸，梅尔的体贴入微让她渐渐走出了早产的阴影。然而，流产的噩梦并没有就此离开奥黛丽，后来在墨西哥拍摄《不被宽恕的人》时，有一段骑马的戏，马似乎受到了惊吓，把背上的奥黛丽摔了下来。那时候奥黛丽已经第二次怀孕，这一摔虽然没有直接造成流产，却使她断裂了几节椎骨，加上拍戏的劳累，最终还是没能保住胎儿。

两次流产，让奥黛丽的心受到了极大的创伤。她是那么渴望能拥有自己的孩子，但是偏偏要承受这样的痛苦。直到 1958 年的秋天，奥黛丽惊喜地发现自己又怀孕了。这一次，她再不敢疏忽，推掉了所有工作上的事情，也不再跟着梅尔东奔西跑，而是回到伯根斯托克的家中安静休养。

1959 年，奥黛丽生下了一个男孩，取名"肖恩"。

孩子出生的那一刻是奥黛丽永生难忘的。那一年，她已经 30 岁。她的全部生命仿佛就是在等待这个孩子的来临。她开心地对朋友说，她觉得这一时刻的重要性远远超过她在影剧事业上的成功。

奥黛丽兴奋地对人们说："像所有的母亲一样，最初我不能相信肖恩是为我而来的，而我真的可以拥有他。我仍然为他的存在而惊喜。我出门去，回来一看，他还在那里。"

她的整颗心都被这强烈的喜悦占据着。孩子的降生，让奥黛丽把爱与精力从丈夫身上渐渐转移到了孩子身上。她把这当成一生中最大的幸福，却没有注意到丈夫情绪上的微妙变化。

梅尔也非常喜欢这个孩子，但是当他意识到，孩子已经取代自己成了奥黛丽的中心后，他总是有些不舒服。

在事业上，梅尔还是没有奥黛丽发展得好。奥黛丽是最早拿到百万美元片酬的女演员之一，她的每一部电影都非常成功，多次获得奥斯卡影后提名。但是，梅尔的事业一直没什么起色，只是在二流作品中苦苦挣扎着，仅有的优秀作品也多是和奥黛丽合作的。

越是在这样的状态下，他的心里便越是不平衡。婚姻的危机在那些平凡的日子里滋长着。曾经洒满阳光的爱情，将迎来一场暴风雨。

_当爱情徒有虚名

孩子是维系夫妻感情的纽带。不少夫妻会出于对孩子的考虑，而将爱情已经干涸的婚姻继续维持下去。当奥黛丽与梅尔之间的感情出现裂痕后，两个人都不愿意放弃这段婚姻，最主要的原因便在于孩子。

梅尔在生活中与在银幕上留下的形象差不多——严峻而缺乏温情。虽然他对奥黛丽足够体贴、疼爱，但是更多的时候，他有些大男子主义。

奥黛丽的朋友奎恩曾说："梅尔对奥黛丽好像有种统治的权力，我觉得他所表现出的男子汉气概比一般的所谓男子汉气概还要强，他对她那么生硬，说一不二，使旁观者都难以接受。我们认为，奥黛丽这样的女子从丈夫那儿得到的应该是天鹅绒似的温存，然而梅尔可不是天鹅绒。我觉得她对梅尔谨小慎微。"

这是朋友眼中的奥黛丽与梅尔。由于两个人都是演员，所以不得不因为拍戏而分居两地。在这个圈子里，如果一时不留神，便会闹出什么新闻来。在肖恩 3 岁那年，奥黛丽正在拍摄《窈窕淑女》的时候，便听说了一些关于梅尔的桃色新闻。

　　这对奥黛丽来说是一个沉重的打击。她害怕失去梅尔，害怕这段婚姻会走向分裂。快到圣诞节的时候，《窈窕淑女》拍摄完成，奥黛丽来不及休息，就向梅尔奔去。她在短短 8 个月的时间里安排了 16 次旅程——完全是为追随梅尔而计划的。

　　在影视圈里，能够结一次婚就白头偕老的夫妻并不多见。奥黛丽发誓，她要做一个影视界夫妻里白头偕老的典范。为了肖恩，她也要把这段婚姻维持下去。她决不允许自己童年时代的创伤发生在自己的孩子身上。

　　在一次记者招待会上，她向记者说，她的婚姻非常美满，梅尔·费勒是世界上唯一为她预备的男人。当然，这只是自欺欺人而已。他们的婚姻危机已经到了不可挽回的地步，当时没有人相信奥黛丽的话。

　　在这个貌似坚强的女子身后，在这个巨大的荣耀光环背面，隐藏着的是一颗脆弱的心。她太害怕失去梅尔，太害怕面临婚姻的破裂。为了挽回这场婚姻，奥黛丽做了种种努力，但还是无济于事。

　　其实，梅尔同样不愿意放弃这段婚姻。只要还没有达到无法承受的地步，他和奥黛丽一样不会放弃对方。只是，他的性格、脾气是无法改变的。在年纪上，他比妻子大 12 岁。很多人都是这样，如果自己的年纪比别人大，就必须要求自己比对方发展得好才会感到心安理得。这种心态不是嫉妒，而是对自己的一种要求。

因为不能在妻子身上找到属于自己的优越感，梅尔便渐渐将注意力转移到了别的女人身上。十几年来，关于梅尔的桃色新闻经常出现，尤其是在梅尔生病的时候，他和一个西班牙女郎打得火热的事情传得沸沸扬扬的。毕竟无风不起浪，媒体为了吸引读者可能会有些夸大，但不管怎么说，这样的事情对奥黛丽来说都是一个沉重的打击。

另外，奥黛丽事业的如日中天，对梅尔来说也是一种强大的压力。在演艺上，奥黛丽不仅能饰演美丽少女的角色，更将修女、同性恋、盲女，甚至妓女的角色都演得惟妙惟肖。她的成功让人们看到了一种强大的实力，让那些以前认为她只是靠包装的"花瓶"的人也大为叹服。

别人把自己称呼为"奥黛丽·赫本的先生"，这让梅尔不禁感到羞愧，仿佛他成了妻子的配角。他不能接受妻子比自己更优秀的事实，无论是在年纪上，还是在丈夫的身份上，他都有一种无地自容的感觉。这让他不愿意再接近奥黛丽，那颗极富自尊的心，被妻子身上的光环灼伤了。

为了能挽救婚姻，奥黛丽在 1967 年拍摄完《盲女惊魂记》并第五次获得奥斯卡影后提名之后，作出了一个惊人的决定：离开影视界，她要离开银幕，做好生活中一个好妻子、好母亲的角色。

1965 年，奥黛丽曾在瑞士的托洛肯纳兹购下一栋颇具田园特色的18 世纪农庄，并将其命名为"和平之邸"。奥黛丽离开好莱坞后回到了那里，她非常喜欢这座漂亮雅致的农庄。然而事实证明，她的努力并没有取得什么效果，只是将这段已经千疮百孔的婚姻挣扎着延长了一点点而已。

和这对夫妻比较熟的朋友都能看到他们为了挽回婚姻而做的努力。但是，大家并不赞成将一段已经没有了爱情的婚姻拖延下去。奥黛丽的一位朋友说："我不明白奥黛丽为什么把这件事拖得这么久。""她为人温和、忠诚，有人情味。我敢肯定，梅尔妒忌她的成功，他不安于个人事业的暗淡。不过，奥黛丽不会再忍耐下去。她为挽救他们的婚姻关系已做了所能做的一切。"

正像这位朋友说的那样，奥黛丽为了挽救这段婚姻，做了她所能做的一切。当她再也承受不了的时候，只能选择放手。

1968 年的秋天，罗马城细雨绵绵，潮湿的空气里弥漫着淡淡的忧伤。一种凄凉在空气中浮游着，如同奥黛丽的心情。那一年，她与梅尔14 年的婚姻永远地画上了休止符，一段相守之后，是刻骨铭心的别离。这场婚姻终于走到了尽头，奥黛丽痛苦万分，她的世界里，仿佛天都塌了下来。

奥黛丽一连好几天都吃不下任何东西，身高一米七的她体重竟只剩下 42 公斤。

为了能开始一种新的生活，奥黛丽在离婚后做的第一件事就是剪掉蓄了多年的长发。

在蒙特街 3 号美容沙龙，她看着自己的长发簌簌落地，仿佛也在看着一段记忆在渐渐抽离。那段记忆里，有美好的憧憬，也有蚀骨的痛苦。她永远不会忘记，有那么一个男人曾经闯进她的世界，让她成为全世界最幸福的女人，但也是那个男人，给了她重重一击，让她深陷在痛苦中不能自拔。

一头短发的奥黛丽看起来神采奕奕，仿佛又变回了多年前的那个美丽又有些淘气的安妮公主。《时尚》杂志将她的短发评价为"神采奕奕的短发造型"。

然而，一头长发可以剪断，从心中生长出来的烦恼丝却无法轻易剪断。奥黛丽依然痛苦、难过，总是无精打采的，她意识到，自己应该再婚。

为了能医治心灵上的创痛，奥黛丽回到了那个让她一举成名的古城——罗马。在那里，她的心情好了许多，人们热情地欢迎"公主"的归来。那些熟悉的建筑从来没有改变，十几年前拍摄《罗马假日》的场景仿佛仍在眼前。那时的她还是一个单纯的少女，没有成名的荣耀与烦恼，也没有婚姻的幸福与痛苦，一切就像一张刚画上几笔的素描，简单的线条，却勾勒着一幅美丽的画卷。

朋友们也很担心奥黛丽。为了能让她快些从痛苦中解脱出来，她的一个朋友邀请她去希腊旅游。

在船上，奥黛丽认识了在罗马法学院教书的著名心理学家安德烈·多蒂医生。安德烈非常健谈，说起话来风趣幽默，经常能逗得奥黛丽开怀大笑。这位30岁的单身汉很会讨人欢心，在罗马的社交场合上他一直非常活跃，在交友上，他喜欢和那些社交名流来往，奥黛丽正是他所喜欢的类型。

安德烈的风趣幽默让奥黛丽从那段失败婚姻的阴霾中渐渐走了出来。与梅尔在一起，奥黛丽总是要主动地付出很多时间与精力来维系感情，长久以来，她在精神上感到深深的疲惫。但是和安德烈在一起却恰恰相反，安德烈让她尝到了被一个男人讨好的幸福与快乐，和他在一起，她感到前所未有的轻松。

于是，一段新的爱情，在环游爱琴海时以闪电般的速度轰轰烈烈地展开了。

安德烈告诉她，当他14岁第一次看《罗马假日》的时候，就深深地爱上了她。他跑回家告诉妈妈："等我长大了，要娶那个漂亮的女演员。"对于奥黛丽来说，在船上与安德烈是第一次见面，但是对于安德烈来说却不是。

在1960年的一次舞会上，安德烈和奥黛丽都在场。这个从小就把奥黛丽·赫本当作自己梦中情人的年轻人非常兴奋，但是又不能太过鲁莽，只好向她以目传情。但是奥黛丽并没有理会，可能也根本没有注意到。关于这件事奥黛丽是一点也想不起来了。

奥黛丽的母亲艾拉对女儿的这段感情非常反对。安德烈比奥黛丽小9岁，而且是个意大利人（意大利男人出了名的不忠诚），不要说奥黛丽的母亲，就是她的朋友里也有一大半都不赞成。

但是奥黛丽不在乎。那些痛苦的日日夜夜，她再不愿去回想。她希望能结婚，给自己一个全新的生活。她向朋友说道："你知道被掉落的砖块打到头的滋味吗？""这是我对安德烈的感觉。它真是突如其来。"

当圣诞节来临的时候，安德烈拿着红宝石订婚戒指出现在奥黛丽面前，很快，他又送上一枚更大的钻戒。他们的关系就这样迅速地确定下来。

1969 年 1 月 18 日，奥黛丽和安德烈在摩吉斯（Morges）附近的市民大厅举办了结婚典礼。这时，距离她和梅尔正式离婚仅仅六个星期。

在这么短的时间里，奥黛丽就开始了第二段婚姻，速度快得令人咋舌。不要说在 20 世纪，即使在今天，在这么短的时间里恋爱、结婚，也是非常惊人的。

奥黛丽打电话给巴黎的朋友说："我又恋爱了，我现在很快乐……我不相信爱情又降临在我身上，我几乎已经放弃了。"

然而，这一切只是新婚时的假象而已。沉浸在痛苦中的奥黛丽太急于摆脱离婚的痛苦，急急忙忙地开始了第二段感情，这也是她第二次婚姻失败的重要原因。当她沉浸在自以为是的幸福中时，却不知道，等待她的依然是一个感情与婚姻的火坑。

为了能经营好这段婚姻，不再重蹈覆辙，奥黛丽决定全身心地做好一个家庭主妇该做的所有事情。她宣布退出影坛，把精力全放在家庭上。

片约如雪片般纷至沓来，但是奥黛丽却视而不见。她宣布："我终于得到幸福了。我不再拍电影了，今后我要专心演好妻子和母亲的角色。"她只想做一个平凡的幸福女人，一个好妻子、一个好母亲，这样就足够了。

她脱掉了纪梵希为自己设计的精致套装，摘下了优雅的白色手套。她穿着凉鞋在夏威夷的海滩上度假，简单的快乐让她陶醉不已。她开心地说："我没有助理，也不需要养狗；我不办舞会，也不办正式晚

117

宴了。"

嫁给安德烈后，奥黛丽会很早起床做早餐，甚至还会陪着丈夫一起到医院上班。她还帮助丈夫为病人测量体温，加班的时候陪他在医院吃晚餐。

4个月后，奥黛丽怀孕了。这个消息让奥黛丽和安德烈都万分惊喜。与梅尔在一起时的几次流产让她痛苦和恐惧。为了能保住胎儿，奥黛丽听从了索菲亚·罗兰的建议，返回瑞士的"和平之邸"待产。

然而，就是在她待产的这段时间里，安德烈竟然又恢复了以前的单身汉生活。他常常和一大堆香艳女子混在一起，甚至被媒体拍到了他和那些女子彻夜厮混的照片。于是整个罗马城都知道，奥黛丽的第二任丈夫安德烈流连于夜总会和脱衣舞厅。

那种熟悉的痛，再一次如刀子般刺进了奥黛丽的心。但是她知道，最重要的任务是保住孩子。1970年2月8日，奥黛丽和安德烈的儿子卢卡·多蒂出生。孩子的到来，让这对夫妻的生活重新恢复了宁静。奥黛丽回到罗马后，安德烈收敛了许多。

然而，媒体却没有一天能让奥黛丽安宁。无论她带着孩子走到哪里，狗仔队都会蜂拥而来。有时候，躲在树后面的摄影师会出其不意地跳出来对着孩子拍照，把孩子吓得哇哇大哭。奥黛丽对此苦恼不已。

当然，最让她苦恼的还是婚姻。孩子渐渐长大，安德烈的风流本性一天天暴露出来。他的风流事一直是媒体热衷的话题，经常出现在报纸的头条上。这样的事情让奥黛丽再一次沉陷在婚姻的痛苦中。她以为自己可以忍受，但是每个人的忍耐都是有限度的。

婚姻的苦恼让奥黛丽意识到，就算放弃了事业，她也无法挽回失败的婚姻。既然不能得到婚姻上的幸福，那又何必放弃自己热爱的事业呢?

1976 年，奥黛丽在息影 9 年后东山再起，出演了《罗宾汉与玛丽安》。在这部片子里，她一改以前穿着华丽、千变万化的形象，只穿着一套衣服一直演到底。中年的她褪掉了曾经的稚气，取而代之的是一种成熟的魅力。人们都觉得，她演出了男人心目中永远的情人形象。

在银幕上，她演绎了各种各样的喜怒哀乐，别人的幸福与痛苦，她都能恰到好处地把握，但是自己的爱情，却无法掌控。一份永恒的爱情对于她来说仿佛是一件奢侈品，让她可望而不可即。

安德烈的风流韵事成年累月地刊登在报纸的显眼位置，新闻上配的一幅幅照片更是让她悲愤。当忍耐终于达到了极限，奥黛丽意识到，是放手的时候了。

1981 年，奥黛丽和安德烈从容离婚。

这一次，奥黛丽表现得很坚强。甚至在以后的日子里，她和安德烈依然保持着很好的朋友关系，而和梅尔，在离婚后仅有的几次联系屈指可数。对此，她的儿子肖恩这样猜测："我想这可能是因为第一次梦想破碎的伤痕比以后的都要重一些。第二次，母亲轻松了许多，和安德烈一直保持着朋友关系，这样以便他们可以共同照顾卢卡。"

就像肖恩说的："两次婚姻的结束，谈不上谁对谁错。当两个灵魂无法融合在一起时，大家只是感到悲伤。"奥黛丽的感情路波折坎坷，她能抓住千千万万观众的心，却无法抓住身边男人的心。

A wonderful life on the screen

第六章

在银幕上演绎精彩人生

《战争与和平》

因为银幕，更多的人见识了奥黛丽的优雅与美丽，为她出色的表演而着迷。一部部电影的问世，也成了她生命中璀璨的痕迹。

奥黛丽出演的许多电影，都成了永恒的经典。但是每一次成功背后，都隐藏着无数艰辛。

《战争与和平》改编自列夫·托尔斯泰的同名著作。这是一部构思非常严谨的历史片，以1812年俄国卫国战争为中心，演绎了从1805年到1820年的重大历史事件，如奥斯特里茨大战、博罗季诺会战、莫斯科大火、拿破仑溃退等。整部影片气势恢宏，场面壮阔，除了历史的浓重气息外，也加入了很多人文色彩，颇有爱情片的味道。这也是与苏联版的《战争与和平》最大的不同。

在这部电影中，奥黛丽饰演美丽的娜塔莎，那时，她和丈夫梅尔·费勒依然深深地相爱着。梅尔·费勒饰演安德烈公爵。影片还没有拍摄的时候，奥黛丽就惊喜地发现自己怀孕了。

一直渴望做妈妈的奥黛丽当时非常犹豫，甚至有点想放弃影片的拍摄了，希望回到家里好好待产。但是，强烈的责任心还是让她克服了这份犹豫，何况，制作人迪诺·德·劳伦提斯对她抱有很大的期望，她觉得自己不能辜负他，最终还是答应出演。

奥黛丽很喜欢和劳伦提斯合作，而且和他的家人相处也都非常融洽。劳伦提斯一家人对奥黛丽都非常友好，他的妻子西尔薇娜·曼加诺非常漂亮，家里还有一群可爱的孩子。每当奥黛丽去他们家的时候，小孩子们总是用臂膀搂住她，这让奥黛丽简直开心极了。

不过，奥黛丽的怀孕对劳伦提斯来说是一个非常不幸的消息。他本来计划当年的深冬在意大利北部开始影片的拍摄，其中，奥黛丽将要饰演的娜塔莎将会戴着皮帽和皮手套，出现在莫斯科或圣彼得堡的冰天雪地之中，那将会有一种震撼人心的美。

但是，让已经有三个多月身孕的奥黛丽这样做显然是不近人情的，而且，腹部日渐凸起的奥黛丽在形象上也不符合娜塔莎苗条瘦削的外形，只会破坏角色原有的美感。

这样一来，影片中的很多场戏都只能推迟到第二年的 8 月奥黛丽分娩后再拍了。

劳伦提斯原来的计划彻底被打乱，他不禁烦恼极了，整个拍摄日程都需要重新调整。

奥黛丽所能做的，就是尽自己最大的努力减少影片拍摄的麻烦。

在怀孕期间，她将列夫·托尔斯泰的小说译本《战争与和平》读了一遍又一遍，只为更加深入地捕捉娜塔莎的内心世界。她发现，自己越来越喜欢这个角色了。娜塔莎的性格让她非常感动，仿佛故事里的主人公已经成了自己。

其间，奥黛丽和梅尔回了一趟荷兰，之后又到了瑞士的伯根斯托克，在那里度过圣诞节。1955年元旦的前一天，他们迁往伦敦，在波特曼广场租了一套英式建筑的单元房。

他们在这里度过了一段幸福的生活。初春，奥黛丽在丈夫的陪同下返回瑞士，在那里安心待产。然而，这种宁静的生活刚刚度过了三个月，奥黛丽就遭遇了一件最痛心、最难以释怀的事：流产。

《战争与和平》的导演劳伦提斯对奥黛丽非常同情，但是也终于松了一口气——尽管心里很内疚，但这样一来奥黛丽就可以提前拍摄电影了。

但是，身体极其虚弱且心灵受到重大创伤的奥黛丽已经不能专注于拍电影这件事了，沉浸在痛苦中的她实在提不起精神来。

梅尔想的和奥黛丽却恰好相反。他觉得如果能开始拍摄工作，奥黛丽的情绪便可以得到转移。如果一直什么也不做的话，她就会一直沉浸在流产的痛苦中，只有转移注意力才能更好地重新振作起来。

奥黛丽最后同意了梅尔的观点。不过，制作人狄诺、导演金·维多都很怀疑奥黛丽能否坚持下来，因为下一步要做的是耗费时间又令人厌烦的试装工作，然后要在炎热的罗马之夏进行紧张的拍摄。事实证明，他们的担心是多余的。因为奥黛丽一工作起来马上就进入了最佳状态。

奥黛丽对服装的要求很高，对于剧组安排的服装设计师，她并不满意。她从巴黎请来了好朋友纪梵希，但纪梵希对于历史服装并不擅长。这样一来，奥黛丽便只能靠自己了。

为了能最真实地反映那个年代的服装特色，奥黛丽翻阅了大量的19世纪早期书籍，仔细研读其中的插图，将服装的每一个部件都看得非常仔细。从裙子，到紧身围腰，甚至长筒袜和鞋子的选择与设计，都是有根有据的，和历史中真实的服装毫无二致。

奥黛丽的这份细心，是很多演员所不能及的。其实，如果论演技，她并不能算最好，但是如果论对工作的态度，她绝对是值得钦佩的。

然后是非常烦琐的试装。为了试装，她可以一连站上好几个小时，大家都为她的毅力而叹服。不管多劳累，她从不抱怨，总是尽职尽责地做着自己的工作。

在化妆上，她也严格按照历史资料来化，甚至每一缕头发都是19世纪俄国式的。这样，她的整体形象就和托尔斯泰时代完全一致了，加上她那张古典的美丽面庞，整个人就像从历史中走出来的一样。

当一切准备就绪，紧张的拍片工作便开始了。奥黛丽和梅尔离开美丽的农家房屋，住进了罗马的"电影城"。

这座电影城建设得大而粗陋，简直像一个小市镇。更衣室、剪辑室、录音室等基本元素倒是齐全，只是在管理上很混乱，几乎没什么秩序可言。无论环境还是身边的人群，都与好莱坞完全不同，仿佛是从一个贵族绅士的优雅舞会来到了一个民间摇滚派对一般。

罗马人有着一股疯狂劲儿，从早到晚都有着无限旺盛的精力。他们大声地谈笑，大口地喝着啤酒。在好莱坞的时候，剧组的午餐只是装在塑料杯里的咖啡和汉堡包，但是这里的午餐是意大利面和咖啡或者牛奶咖啡。他们的午餐要是没有啤酒，大家就威胁厂方说如果再不提供啤酒的话，他们就要来一次冲锋。这样有些疯狂而刺激的事情在好莱坞是不可能发生的。

在这里，奥黛丽感到一种别样的快乐。意大利人的幽默与开朗，也让她感到非常轻松。

电影的拍摄比较顺利。为了能重现 19 世纪初期俄国人抗击拿破仑入侵的自卫反击战和法军溃退的场面，制片厂动用了大量的物力、人力。

为了能拍摄出逼真的效果，制片厂用了上万的临时演员，还向意大利政府借调了大批军队，并制作上万套军官和士兵的服装，而且每个人都要量体裁衣——有的是欧洲的轻骑兵制服，有的是步兵制服。在军队行进的路上，草被铲得干干净净，这样能制造出从莫斯科撤退的场景。

炎热的 7 月，他们需要拍摄雪景。雪花是用浸过石膏的圆纸片做成的，下雪机一开动，"雪花"就纷纷扬扬地飘落下来。

为了能制造一场逼真的大火，他们先是制造了一座相当逼真的莫斯科城，那些教堂、塔楼、街道都和真的别无二致。一切准备就绪后，大家举起火炬，将这座"莫斯科城"点燃了。熊熊大火烧得人惊心动魄。

——《战争与和平》剧照

为了演好娜塔莎这个角色，奥黛丽倾注了大量心血。当拍摄到战争和屠杀场面的时候，她经常会做噩梦，仿佛童年时代的战争又回来了一般。那种血腥而恐怖的画面在她的梦里一次又一次出现，让她一次又一次惊醒。

这样的梦魇对她来说是一种对精神的挑战，但是对她的拍摄工作也有一定帮助。因为对战争有过切身的体验，所以她将娜塔莎的角色演绎得更加完美。每一句台词，她都倾注了饱满的感情。在银幕上，我们看到娜塔莎从一个天真烂漫的小女孩到情窦初开的少女，然后又长成一位丰满成熟的妇人，整个过程自然凝练，奥黛丽精彩的演绎让娜塔莎的形象非常鲜活。

最让奥黛丽烦恼的是罗马城里那些爱看热闹的人，就像她在拍摄《罗马假日》时，围观群众总是跟着剧组到处跑。其中还有不少贵族女士，她们戴着大帽子，一副气宇轩昂的样子，一边聊天一边看奥黛丽拍戏。她们的嘴巴似乎从来就不会停，这几乎把奥黛丽气得发昏。

这里的拍摄方式和好莱坞也是不同的。在好莱坞，电影的拍摄都有着明确的计划，大家有条不紊地工作，但是在这里，虽然计划也很周详，但是拍片的顺序却让人摸不清。他们经常变更日程，有时候已经酝酿好的一场戏不得不拖到好几个月之后才拍。奥黛丽对人说："没有人能体会我经历的一切，我拼命提醒自己，我一定要记住那几行，我一定要让眼泪流出来。"

就是这样，她努力克服了一切困难，影片终于在 1955 年的秋末拍摄完成了。算下来，这部影片耗资高达 5.6 亿美元，简直是之前电影史上最昂贵的影片。在电影史上，这部影片动用的临时演员是最多的，直到 1982 年的《甘地传》动用了 30 万临时演员才超越了这部影片。

1956 年，《战争与和平》公演。人们对奥黛丽的精彩演绎大加赞赏。有位观众给报社写信说："奥黛丽·赫本演得如此出色，以至于我每次翻开小说《战争与和平》，一副赫本面孔的娜塔莎就跃然纸上。"

这部电影在世界电影史上也有着重要的地位。那些气势磅礴的场景给观众留下了深刻的印象，更重要的是，在这部恢宏的历史片中，我们看到了人性的光辉，爱情与历史的完美结合，让观众对影片更加回味无穷。

_《窈窕淑女》背后的痛

当奥黛丽还在拍摄《蒂凡尼的早餐》时就曾向记者透露，她最大的愿望是饰演《窈窕淑女》中伊莉莎的角色。

这是根据英国剧作家萧伯纳的剧作《卖花女》改编而成的歌舞剧。故事中，伊莎莉是一个贫苦的卖花女，语音学家希金斯为她矫正语音和举止，教给她上流社会的礼仪，让她从一个丑小鸭变成了美丽的白天鹅。希金斯成功了，雍容华贵又举止优雅的伊莎莉被人们误以为是匈牙利的公主，连王子也被她吸引过来和她跳舞。而亲手造就了这一切的希金斯也不知不觉地爱上了她。

本来，《窈窕淑女》只是舞台音乐歌舞剧，此前曾在美国百老汇上演并获得了很大的成功，当时女主角伊莎莉是由朱莉·安德鲁斯饰演的。朱莉的嗓音非常好，那时候刚刚 18 岁，身材、容貌也都非常迷人。她的精彩演绎，让《窈窕淑女》这个名字走进了万千观众的心中。

布鲁克斯将这部舞台剧称为"本世纪最优秀之音乐歌舞剧"。《窈窕淑女》获得了托尼奖，并被评论界评为 1956 年最佳歌舞剧。在纽约和伦敦，这部舞台剧都相当受欢迎，其受欢迎的程度超过了同期上演的任何一部百老汇戏剧。很快，《窈窕淑女》就被 21 个国家翻译成了 11 种文字，在全世界流传开来。

《窈窕淑女》以舞台剧的形式大获成功，电影界的有识之士认为，如果搬到银幕上，也许会获得更大的成功。因此，华纳兄弟影业公司决定把《窈窕淑女》拍成电影。在演员的挑选上，他们决定用舞台剧里饰演男主角希金斯教授的雷克斯·哈里森继续饰演希金斯，但是对于女主角伊莉莎的人选一直没有确定。尽管朱莉·安德鲁斯在舞台剧中的表现非常成功，但是她在电影界的知名度并不高。

正在他们犹豫不决的时候，有人提出用奥黛丽·赫本。他们觉得，单是这个名字就足够让这部电影成功了。而且，奥黛丽曾经公开表示非常想演这个角色，这对影片的拍摄也会有一定助益。

经过一番仔细的思考和研究，他们决定用奥黛丽·赫本来饰演伊莉莎这个角色。

得到消息的那天，奥黛丽正在伯根斯托克的家中。科特·弗林从好莱坞打来电话，兴奋地对她讲："你正坐着吗？如果没有坐着，我劝你赶快坐下来。"

奥黛丽有些不解，但还是坐到一把椅子中，然后认真听下去。

"听着，你要演《窈窕淑女》啦！"

一种巨大的喜悦随着话筒中的声音撞击着奥黛丽的心。她兴奋地一下子从椅子上跳了起来，挂电话后就赶紧跑出去和大家分享这个好消息。她迫不及待地冲到浴室外面，向正在洗澡的母亲颠三倒四地嚷起来："我要当一部片子的女主角啦！"

正在洗澡的艾拉被女儿反常的举动吓了一跳，她还以为是房子失火或者发生了什么可怕的事情。她裹着浴巾湿淋淋地跑出来，当得知女儿要饰演《窈窕淑女》中的伊莉莎之后，除了开心，也对女儿如此反常的兴奋有些不解。当时已经名满天下的奥黛丽经常收到片约，很多导演都希望她能主演自己的片子。女儿要主演《窈窕淑女》，对艾拉来说只是一件寻常事而已。

当时梅尔不在家，奥黛丽只好给他打电话来分享心中的喜悦。她匆匆忙忙地跑下楼拨通电话，等电话终于转到了梅尔手中，时间已经过去了半个小时。这短暂的半个小时，对于迫不及待要分享喜悦的奥黛丽来说简直像一个世纪那么漫长。当她终于听见梅尔的声音，她的眼泪忽然簌簌地落了下来。

梅尔慌张地问她出了什么事，奥黛丽这才将好消息告诉他。他也非常高兴，但是对奥黛丽的哭泣却不太理解。奥黛丽说："因为今天是个重要的日子，可是我们两人相距这么远。"

华纳公司特意聘请了以执导女演员为主的著名导演来指导奥黛丽。不过，影片的拍摄并不顺利，从一开始就遇到了很多困难。

影片拍摄之前，奥黛丽是非常兴奋的。她早就期盼着能在这部片子里担任伊莉莎的角色，现在梦想终于实现了。不过，这部电影毕竟是由舞台剧改编的，里面有很多歌曲，女主角伊莉莎的唱曲当然也不少。

此前，奥黛丽已经在《滑稽面孔》和《蒂凡尼的早餐》中唱过歌，不过，在《窈窕淑女》中的歌曲却超过了奥黛丽的能力范围。她的唱功并不好，影片公司请了人为她配音，但她依然坚持要自己唱。为了能提高自己的唱功，奥黛丽特意聘请了私人声乐教师，每天练习唱歌。

学过一段时间后，她的唱功有了一定的进步。但是与理想效果还是差了很多，她走进录音室开始录音，结果发现自己的音量太小了。

奥黛丽并没有放弃。她继续请人来为她录音，但是效果依然不理想。从那时起，导演已经决定用别人的声音来配音了，只是奥黛丽还被蒙在鼓里。

也就在那时，奥黛丽和梅尔的婚姻开始出现裂痕。关于梅尔和别的女人的桃色新闻传来，对奥黛丽的精神造成了严重的打击。她的心情沮丧极了，但是在别人面前，还是要努力地强装微笑。她的同事经常听见她和梅尔吵架，但是除了表示同情也没有什么办法。

工作与生活上的双重压力让奥黛丽非常难过。她让人把她的更衣室四周用白色的尖头木桩围起来，看起来就像一座农舍。她还在门外贴了张写着"请勿打扰"的条子，就连梅尔也不准去"打扰"她，这让梅尔非常生气。

奥黛丽开始发脾气，有一次还突然闯到了服装部，大呼小叫地说："我不演伊莉莎了，她没有几件漂亮衣服！"然后指着服装部制作的演出服叫道，"我要把这些好衣服都穿起来！"

正在大家不知所措的时候，导演走了过来，他牵着奥黛丽的手到了一个按照她的形象设计的模型前，模型穿着伊莉莎作为卖花女的穷酸衣服。奥黛丽看到后激动得几乎要哭起来，相比于那些奢侈华贵的礼服，这件衣服是非常真实的。奥黛丽马上穿起了这套衣服，然后收敛心情，投入到工作中去了。

倒霉的事情一件接着一件。3岁的肖恩生病了，高烧很严重。她心爱的金丝雀也跑掉了。更令她伤心的是，那个象征着白头偕老的婚戒也失窃了。一连串的打击让奥黛丽几乎精神崩溃，勉强拍摄完《窈窕淑女》。

几个月之后，当奥黛丽精神渐渐好转的时候，忽然接到了一个坏消息：她在《窈窕淑女》中的表演竟然没能得到奥斯卡金像奖的提名。

原来，她本人唱的歌被全部替换掉了。奥斯卡金像奖的投票者们认为用别人的歌声来为自己配音是奥黛丽的欺骗行为，可是他们哪里知道，奥黛丽同样是被骗者之一。如果奥黛丽知道会是这样的结果，她绝不会接受《窈窕淑女》的片约。

电影界的人还对在舞台上成功饰演了伊莉莎的朱莉·安德鲁斯未被起用而感到愤慨。仿佛是故意要压过奥黛丽的名气，他们提名了在《音乐之声》中饰演玛丽·波平丝的朱莉。更让奥黛丽倍感受伤的是，在《窈窕淑女》中饰演男主角的哈里森得到了奥斯卡的提名。

算起来，《窈窕淑女》一共获得了13项奥斯卡奖提名，最终，哈里森和朱莉获得了当年的奥斯卡最佳男演员和最佳女演员金像奖。除了最佳男主角奖，《窈窕淑女》还获得了最佳影片、导演、彩色片摄影、美工、服装设计、音响、音乐七项大奖。这些无上的荣耀，却与奥黛丽无缘。

在颁奖仪式上，几乎每一个获奖者在颁奖时都要说："我要感谢奥黛丽·赫本的精彩表演。"只有哈里森不知说什么好，因为在舞台剧《窈窕淑女》中，他和朱莉配合得非常默契，在电影里，他和奥黛丽的表演同样非常成功，最后，他结结巴巴地说："我要向，唔……两位窈窕淑女表示敬意。"

不过，奥黛丽对此并没有任何抱怨，甚至觉得这是公平的。除了唱歌部分被换掉以外，她觉得前半部分的表演没有演出伊莉莎作为一个贫穷的伦敦少女的样子。不过，在后半部的表演中，她淋漓尽致地表现出了伊莉莎化蛹成蝶的美丽形象。

当奥黛丽出席颁奖仪式的时候，她的内心一定翻卷着一场剧烈的风暴。但是她的脸上依然淡雅地微笑着。她的痛，从来只是隐藏在心中，不让别人发现。

戏里戏外的"七年之痒"

"什么样的人在餐馆里面对面坐着却不说话？"

"结了婚的人？"

"没错。"

这是《丽人行》（*Two for the Road*）中的一段精彩对白。有人把婚姻说成爱情的港湾，更有人把婚姻说成爱情的坟墓，究竟什么是婚姻呢？何以那么多恋人在步入婚姻的殿堂后，就没有了昔日的浪漫呢？其实，真实的生活本来就是平淡的。柴米油盐的岁月，才是生活的本真。

《丽人行》便是一部经典的诠释爱情与婚姻的影片。当这部影片刚刚上映的时候，并没有在当时的社会引起太大的反响，人们觉得它没有"好莱坞相"。但是随着时间的流逝，电影内在的光辉越来越明亮起来。

它在无数观众的心中留下了深刻的印象，情侣们在恋爱时手牵手走进电影院，欣赏过电影后并没有多大感触，甚至觉得那些情节是不真实的。但是当他们走进婚姻的殿堂，几年之后，自己也面临了婚姻中的"七年之痒"，他们才忽然想起当年看过的那部电影。那时候他们才讶然，原来故事里的事，并非仅仅是故事。

当导演斯坦利·多南给奥黛丽发去片约的时候，奥黛丽婉言拒绝了。因为之前她已经拍过一部类似的家庭片，效果不太理想。

在那段时间，很多大电影制片厂都热衷于温馨家庭片的制作。而斯坦利虽然也是从家庭角度出发，但是影片内容却与当时的主流旋律相反。他恰恰是从这个相反的角度来把握电影的整体结构，从现实出发，反映最真实的生活。

斯坦利觉得女主角只有奥黛丽是合适的，她是唯一，而不是其一。斯坦利面对奥黛丽的婉拒并没有放弃，他继续游说奥黛丽，并让她看了剧本。

没想到，奥黛丽在看了剧本之后一下子就喜欢上了这部影片，她马上接受了片约。

斯坦利导演对奥黛丽非常了解。他在导演《甜姐儿》和《谜中谜》的时候和奥黛丽的合作非常融洽，也非常成功，但是这一部电影，可以说是他们合作效果达到最佳的影片。

影片中，奥黛丽饰演美丽温婉的乔安娜。乔安娜的丈夫马克是一位建筑师，他们在刚恋爱的时候生活非常窘困，但是很快乐幸福。渐渐的，他们的事业都有了发展，生活越来越富足。他们有了孩子，各种应酬让他们应接不暇。

生活的平凡琐碎，渐渐取代了最初的浪漫幸福。婚姻的裂痕深深地划伤了两个人的心。为了能挽回婚姻，两个人决定做一次旅行，驾车

137

环游法国，在旅途中寻找遗失的爱情。

这是奥黛丽演过的最真实的电影，就像看一场真实的生活秀，乔安娜和马克仿佛就是我们身边的朋友，甚至仿佛就是自己。很多人认识并喜欢奥黛丽都是从《罗马假日》开始的，但如果要看到一个真实的奥黛丽，《丽人行》则是最合适的。

在拍摄《丽人行》的时候，有一场海滨的戏，男主角和女主角必须穿着泳衣。这对优雅而敏感的奥黛丽来说简直是太难为情了！想到自己的身体将首次暴露在千千万万的影迷面前，奥黛丽紧张到了极点。斯坦利导演安慰她说，她的身材是大多数女人所羡慕的。但是奥黛丽依然忐忑不安。

奥黛丽还很怕水。有一个镜头是马克把乔安娜丢到水里面，当时好几个潜水员就在镜头外待命。结果因为一个潜水员跳水救奥黛丽的速度太快，以至于有个镜头被搞砸了。

最后，这场戏终于勉强拍完了，但是从影片中，我们能看出奥黛丽非常不自然。她的动作有些僵硬，明显是装出来的快乐。

这部家庭小品式的影片在总体结构上像一篇松散的散文，但是形散而神不散，加上美妙的摄影和配乐简直浑然天成，就像真实生活的剪接。在故事的铺陈上，影片采用了倒叙和插叙的方式，镜头时而回到过去，时而转向现在。就像一个人的思想，在过去和现实中徘徊、挣扎。

深有感触的奥黛丽将乔安娜的形象完美地诠释出来。每一句话，都是饱含深情的。

《丽人行》拍摄于1967年，影片中的乔安娜，基本就是当时的奥黛丽的状态。处于婚姻危机中的奥黛丽对乔安娜这个人物有着更深刻的理解与感悟，所以在演绎的过程中自然流畅，毫不做作。

影片中，乔安娜和马克的感情出现裂痕，很多东西都变了。他们不再像以前那样相依相偎，两个独立的人仿佛在心灵上也独立了。有时候独立是一种心态，但是对于婚姻来说，太过独立则是一种危机。

独立与依赖相结合，才是婚姻的最佳状态。影片中有一个细节，马克总是搞不清护照放在哪里，从相恋的时候，到婚姻危机的出现，这一点他从来没有改变。而乔安娜总是细心地帮他保管好护照，在他需要的时候便轻而易举地找出来给他。

夫妻之间的默契，有一半是天生的缘分，有一半是生活的沉淀。然而在当时，现实中的奥黛丽与梅尔的婚姻危机却是不可调和的。就算她和梅尔依然如当初那样默契，却无法改变两个人各自在社会中的地位。他们在事业上各自取得的成就相差悬殊，奥黛丽身上的荣光对于梅尔来说就像一把匕首，深深地伤害着他作为男人的自尊。

奥黛丽演绎着乔安娜的故事，也幻想着自己和梅尔会有影片中相同的结局。

在故事的最后，乔安娜和马克经过了一次旅行后，感情的裂痕渐渐弥合。他们从宴会上悄悄溜走，开上汽车驶上了回家的路。他们终于达成谅解，共同将婚姻的裂痕弥补起来。

电影结束了，但是奥黛丽还是要回到现实中面对自己的感情危机。

这部电影也为奥黛丽赢来了当年的奥斯卡金像奖提名，尽管最终没有获奖，但是奥黛丽的成功演绎还是受到了高度认可。

Be brave to declare war on yourself

第七章

勇于向自己宣战

当服从成为自然，挣扎就会结束

在演过《罗马假日》《龙凤配》《甜姐儿》等影片并大获成功后，有人说奥黛丽只是靠包装的花瓶，对她的成功进行诋毁。

对于这样的流言，奥黛丽气愤的同时也反思了一下自己饰演的角色。那些角色的确有包装她的嫌疑，尽管她演得非常出色，但是有人却忽略了她精彩的表演，而把目光只放在了她华贵的装扮和美丽的容貌上。

她决定要挑战自己。她要用自己的实力向那些嘲笑她是花瓶的人证明，不靠包装，她一样可以获得成功。

在这个想法的驱动之下，轰动一时的《修女传》诞生了。

《修女传》里主人公路加从小和父亲学医，并在医学上表现出了极高的天赋。因为修女可以去刚果帮助那些遭受苦难的人，所以她立志要成为一名真正的修女。

尽管路加的父亲非常不舍，但还是拗不过女儿，只好送她到了修道院。临别时，他不舍地告诉女儿："如果你不喜欢，可以回来，这不是丢脸的事。"之后，路加开始了极为清苦的修道生活。

在那里，路加必须完全服从别人的指示和安排。要想成为一名真正的修女，她就必须舍弃一切世俗生活的记忆。路加成功了，一年后被送到医学院学习热带医学。因为有和父亲学医的经历，路加的表现相当出色。然而，她的出色表现却让已经在刚果工作过七年的宝琳修女感到了危机，并向路加提出，希望她能放弃考试通过的机会，因为能够接受羞辱，就是一种谦卑。

经过激烈的心理斗争，路加还是决定参加考试。最终，她以优异的成绩通过了考试。但是，她却被认为不够谦卑，不符合一名真正的修女的要求，只能去精神疗养院的护理小组。在那里，她还违反规定打开了一个精神病患者的门，差点出了意外。

路加渐渐明白了一个道理：当服从成为自然，挣扎就会结束。成为一名无欲无求的真正修女，就必须懂得完全服从。终于，修道院认为路加克服了自己的傲慢，同意接受她为耶稣基督的净配。

之后，路加如愿去了刚果，但后来因为要护送一个重要的教会人士安格贝回到比利时，她只好离开刚果。没多久，"二战"的硝烟就在比利时弥漫开来。面对令人惊悚的战争，路加的心再也不能平静了，她对于自己的信仰第一次产生了怀疑。

面对战火，对那些纳粹兵，路加再也做不到博爱。现实的世界撞击着她矛盾的内心，她不知道，自己的信仰还能坚持多久。

终于，一封信让她的信仰彻底坍塌。弟弟告诉她，父亲在救护伤员的时候被炸死了。这个晴天霹雳让路加失声痛哭，她终于决定，离开修道院。最终，她成了一名出色的护士，热情地照顾每一个伤员。

读过剧本之后，奥黛丽非常感动。不仅仅因为故事里流露出的真挚感情，更因为她和修女路加有着那么多相似的地方。

剧本中的路加和奥黛丽一样都是尼德兰人，奥黛丽属于尼德兰北部的荷兰，路加属于尼德兰南部的比利时。她们都亲身经历过"二战"的硝烟，都曾亲眼看到过伞兵从天而降的场景，亲眼看到过炸弹爆炸的惊悚画面，遇到过逃难的人群。她们都有两个兄弟，其中一个还曾被关进了纳粹集中营……

这个角色让奥黛丽产生了深刻的共鸣。她喜欢这个角色，但是想到拍摄过程中可能遇到的种种困难，她又有些犹豫。拍这部片子要到非洲住上一段时间，那里的环境非常恶劣，她担心自己的身体会吃不消。

几年之前，凯瑟琳·赫本就因为去非洲拍摄《非洲女王》而付出了严重的健康代价，其拍摄地点和《修女传》的拍摄地点正好是同一个地方。而且，如果要去非洲，奥黛丽就必须和梅尔分离一段时间。她非常不愿和丈夫分开，唯恐伤害到两个人的婚姻。

不过，经过再三考虑后，奥黛丽还是决定知难而上。她要击败那些奚落她是花瓶的人，她要用自己的实力证明，不靠美丽的包装，她一样可以成功。

要想演好这个角色，就必须深入了解作者的创作意图和人物的原型。奥黛丽先去拜访了剧本的作者。她来到洛杉矶，在作者凯瑟琳·休姆女士的家中，两个人见面了。

休姆女士告诉她，故事是根据自己的好朋友玛丽·路易丝·海贝茨的亲身经历写成的。在1945年，"二战"接近尾声的时候，当年的休姆小姐正在切伯格一所中学的联合国接管组织里担任护士工作，在那个组织里结识了海贝茨。休姆和海贝茨在同一个集中营里工作。海贝茨非常尽职尽责，在别人休假的时候，她便干双份工作，当严冬来临的时候，她为了给难民发避寒的衣服而累到精疲力竭。

休姆为海贝茨无私的献身精神而感动，她称赞海贝茨是一个圣徒，然而海贝茨却痛苦而羞愧地告诉休姆："我曾经是一个修女，但我是一个失败的修女，因为我违背了誓言。"

休姆小姐了解了详情之后，安慰她说，在美国人的观念里，失败和羞耻并没有一定的关联。她认真地劝慰海贝茨，这个一直处于极度不安中的姑娘终于恢复了自信。

休姆和海贝茨成了非常要好的朋友，他们经常互说心里话。了解了海贝茨的故事之后，休姆便萌生了写一本书的念头。随着时间的流逝，这种念头越来越强烈。"二战"结束后，她先写了一部《野地》，描写那些无家可归的人。后来，海贝茨请她把自己的故事写出来，这正好与休姆的想法不谋而合，她欣然答应了这位挚友的请求。她们给书中的主人公取名为"路加"，但是故事基本都是曾经真真切切地发生在海贝茨身上的。

得知了故事的创作背景，奥黛丽意识到，自己还需要去拜访一下修女路加的原型。

那时海贝茨正在洛杉矶的圣菲铁路医院工作，为了能更深入地了解海贝茨，奥黛丽也到医院里和她一起工作。

在那段时间，奥黛丽总是认真地观察海贝茨的每一个动作，看她怎样诵读《玫瑰经》，怎样触摸祭坛，怎样亲吻十字架，甚至连她走路和上下车的样子也认真模仿。

不过，奥黛丽觉得这些还是不够。她觉得自己应该到一家修女院体验一下真正的修女生活，只有这样，她才能成功地演绎一名修女的角色。

然而，海贝茨的故事在修女院里可不像在影视界那样受欢迎。她们觉得书中的描写很多都是错误的，书中夸大了修女院的清苦和规章，对于拍成电影，她们更是不支持的。所以，比利时的修女院拒绝让奥黛丽去体验生活，她们认为海贝茨是一个背叛了誓言的修女，用她的故事来赚取经济利益，她们感到不屑。

比利时的修女院对奥黛丽紧闭大门，无奈之下她只好换一个地方碰碰运气。

法国的天主教会是比较开明的，那里的天主教会见了奥黛丽之后非常满意，同意让奥黛丽住进修女院的客房里。不过，他们也是有条件的，要求剧组向修道院奉献一大笔可观的经费。

在修道院里，奥黛丽表现得非常好。她举止文雅，从来不会打扰别人，仿佛真的成了修道院里的修女一样。

经过一系列紧张而周密的准备，拍摄终于提上了日程。奥黛丽和剧组人员来到了非洲的刚果，那个被赤道贯穿的国度。

刚到那里的第二天，他们就到一个火车站去拍戏。因为中午的时候整个火车站就会被烈日直射，人们都不敢靠近那里，所以剧组把拍戏的时间定在大清早。他们五点半就起身，六点赶到了火车站。经过这一番折腾后，大家已经筋疲力尽，尤其是难耐的酷热几乎让人眩晕。但是午饭之后，他们还要继续工作。

下午，他们要拍的是一段过河的戏。奥黛丽和代姆佩姬都作修女打扮，白衣白帽，坐在一条独木舟上过河。帽子紧紧地箍在她们的脸颊旁，汗水流下来把帽子弄得又湿又黏，头发都贴到了头皮上，非常不舒服。

到第三天，奥黛丽的身体已经有些吃不消了，但她还是努力坚持着，从不抱怨。那天从一早就开始下雨，淅淅沥沥的，偶尔还夹杂着雷声，闪电从厚密的云层中穿透而出，发出炫目的光。这一天要拍室内的戏，在一所医院里面。尽管是室内的戏，但是背景却是大雨倾盆的天气。这一天的天气还算符合剧本中的要求，但是导演觉得雨还是不够大，为了能达到预想的效果，他们决定人工降雨。

降雨机搬来了，但是一发电，机器就坏了。之后，他们又找来了水泵，结果水泵也坏掉了，大家简直绝望了。面对这样糟糕的情况，奥黛丽还是没有任何怨言，大家对她的冷静、耐力和善良都由衷地敬佩起来。她仿佛真的成了那个顺从的修女路加，内心里拥有着无上的谦卑。

还有一场戏要在麻风村拍摄。那个麻风村在距离刚果 22.5 公里的亚历索波，是由著名的洗礼派医务传教士斯坦利·布朗医生建立起来的。

去亚历索波需要乘船，而且一路都是逆流而上。奥黛丽对这次旅程充满了兴趣，这也是她一生中难以忘怀的一次旅程。

船上有漂亮的黑人水手，穿着白制服，头上戴着黑色贝雷帽，上面装饰着红道道，船长的帽子上装饰的则是金绦带。那天一大早，河面上弥漫着茫茫的晨雾，河的两岸则是起伏的丘陵，绿色的丛林里传出鸟儿和野兽的欢快叫声。

船鸣着汽笛，吐着轻烟，在棕色的水面上缓缓前行。当沿岸村落的村民看到他们时，都非常兴奋而友好地挥着手。

忽然，船长像导游一般向大家宣布："现在我们要看到河马岛了！"

大家都惊奇地向前看去，果然，小岛出现了。渡轮绕着小岛转着圈，大家都把相机准备好，等待河马的出现。但是盯着看了半天，也没有看到河马。忽然，奥黛丽注意到翻着浪花的水里有一个硕大而沉重的形体若隐若现。那果然是一只大河马，不一会儿，它就把巨大的头伸出了水面喷水。顿时，全船的人都欢呼起来。紧接着，另一只河马也浮出了水面，大家开心极了，奥黛丽更是像一个孩子一样又笑又跳。

很快，大家到了麻风村。布朗医生对他们表示热烈欢迎，奥黛丽为能见到这位著名的医生更是兴奋不已。她向来尊重医学，对医生更是有着深深的敬重之情。

布朗医生热情地向他们介绍了自己经营了 22 年的麻风村。他告诉大家："麻风病人一经确诊，就要马上安慰他，使他摆脱自卑心理，不要让他们觉得自己是被人类社会抛弃的人。我们对每一个麻风患者说，生这种病并不是因为有罪，同时这种病并非不治之症，是能治好的。"

然而，当地的很多村民对麻风病并没有充分的认识。当村子里有人得了麻风病后，便用带有侮辱性的字眼来称呼他们，并把他们赶出村子，还愚昧地给他们挂上铃铛。麻风病人不仅要在身体上饱受煎熬，更在心理上遭受着强烈的伤害。

布朗医生的介绍让奥黛丽非常感动。随后，她参加了当地一座小教堂举行的礼拜。礼拜堂里摆放着祭坛，参加礼拜的麻风病人有的已经残疾，但所有人都穿上了最好的礼拜日服装来参加礼拜。他们静静地听牧师布道，然后齐唱赞美诗。这样的场景让奥黛丽更感动。

拍片工作依然紧张地进行着，拍摄地点一般在当地的医院、传教学校和孤儿院这三个地方。因为天气变化无常，前一秒还阳光明媚，后一秒可能就大雨倾盆了，他们的拍摄计划常常被打乱，时间总是被推迟。不过，他们最终克服了所有困难，将这部分镜头都完美地拍摄了下来。奥黛丽的坚持博得了所有人的称赞和钦佩，无论戏里还是戏外，她仿佛都是那个修女路加，隐忍、坚强而善良。

之后的戏是在罗马拍摄的。奥黛丽忽然患上了肾结石，后来经过药物治疗渐渐痊愈了。即使是在生病的时候，她也坚持着拍戏，决不拖剧组的后腿。

《修女传》最终拍成。在首映式之后，奥黛丽第三次被提名为奥斯卡金像奖的候选人，后来还获得了1959年《纽约时报》评论奖。评论人波斯雷·克罗瑟这样写道：

通过赫本小姐的艺术创造，我们得以在银幕上看到修女路加的形象。通过她，我们看到修女院那种严酷的教育方式对一个敏感的年轻人的身心会造成什么样的影响……在修女路加这一角色身上，奥黛丽·赫本表演得潇洒自如，她以出色的演技塑造了一个温暖感人的人物。

观众对《修女传》的评价同样是极高的。修女路加这个形象让那些曾笑话奥黛丽是"花瓶"的人彻底闭上了嘴巴，因为在这部片子里，奥黛丽完全是依靠自己精彩的表演和娴熟的演技来完成角色的。

奥黛丽对自己的挑战成功了，不过，这仅仅是一个开始。因为奥黛丽实在是一个完美主义者，她对自己的要求永远那么高。也正是这个原因，她才能在世人心中留下最完美的印象。

挑战悬疑片——《谜中谜》

在《修女传》大获成功的两年后，也就是 1961 年，奥黛丽又挑战了一部同性恋作品《双姝怨》。很多人都知道著名导演威廉·惠勒和奥黛丽在《罗马假日》中成功的合作，却不知道这部《双姝怨》也是他们合作下的佳作。《双姝怨》也很成功，并获得了当年的 5 项奥斯卡提名。

1962 年，奥黛丽又挑战了一部悬疑片《谜中谜》（Charade）。此片的导演斯坦利·多南和奥黛丽在《甜姐儿》中有过很好的合作，后来他们合作的《丽人行》也大获成功。斯坦利非常了解奥黛丽，每一次合作都是非常融洽而成功的。

《谜中谜》是一部悬疑爱情喜剧片。这部片子不像传统的悬疑片那样以种种惊悚的场面夺人眼球，而是以轻松诙谐的方式加上引人入胜的悬念给观众留下深刻的印象。

影片中，一位美国女子蕾吉在巴黎准备离婚时，丈夫却突然遇害。美国大使馆巴索隆尤先生给她打电话说，她的丈夫生前和德仔潘、吉利恩、史哥比等人私吞了 25 万美元公款，政府希望她能协助找回公款。

之后，蕾吉遭到她丈夫前战友的逼迫，所幸得到了彼得的帮助。经过一系列惊心动魄的较量，揭穿一个个虚假人物的面具，蕾吉终于在彼得的帮助下将公款交还政府，也是在这时候才发现，原来彼得才是真正的政府人员。

奥黛丽在 1962 年的 7 月接到《谜中谜》的片约。读过剧本之后，她表示愿意参加演出，但是有两个条件，第一希望加里·格兰特担任男主角彼得，第二要求查尔斯·朗（Charles Lang）担任摄影师。

斯坦利·多南兼任导演、制片人以及制作公司的出品方之一，他希望奥黛丽能担任女主角，但是也知道邀请奥黛丽参演并不是什么容易的事（追求完美的奥黛丽对剧本是非常挑剔的，她参演的每一部作品都是精挑细选的），她能提出参演的条件已经是非常幸运的了。

斯坦利立即找了著名影星格兰特，并把剧本给他看了一下。尽管格兰特对这个剧本很感兴趣，但是他当时已经接受了其他片约，一时脱不开身。请不到格兰特，意味着奥黛丽也不会参演了。电影公司只好考虑让沃伦·比帝和娜塔莉·伍德来出演。所幸，在最后情况峰回路转，格兰特原来接的片子太差，他决定参加《谜中谜》的拍摄。

那年奥黛丽 33 岁，而格兰特已经 59 岁，尽管年龄上相差悬殊，但是两个人在拍摄中非常默契。为了迎合他们的年龄，斯坦利和编剧彼

——格兰特与赫本

得·斯通将剧本作了一些改动，把女主角写得更加主动，而男主角相对被动一些。这样一来，影片的看点就更多了。

电影开拍之前，斯坦利先安排了一场宴会，让大家互相熟悉，尤其是两位主角——奥黛丽·赫本和加里·格兰特。奥黛丽对格兰特的名气早有耳闻，早就希望能和他合作。

这次见面，奥黛丽显得紧张而局促。在和格兰特聊天的时候，奥黛丽甚至因为紧张不小心打翻了一瓶红酒，酒泼洒到格兰特白色的西装上。

奥黛丽惭愧得要命，她不停地道歉，但是格兰特非常绅士地脱下西装外套，并轻描淡写地说"可以处理掉"，然后就继续轻松地用餐，好像这件事从来没有发生过一样。后来奥黛丽回忆起这段过往，还满脸羞愧地说："我非常不好意思，一直不断道歉，但加里很亲切。"

格兰特看出了奥黛丽的自责和局促，第二天还送了一盒鱼子酱给奥黛丽，并附上便签，告诉奥黛丽不要自责。

这个细节被细心的导演斯坦利捕捉到了，并应用到了电影中。所以我们就在银幕上看到了这一幕：男女主角在巴黎塞纳河边漫步，女主角不小心把冰激凌弄到了男主角的西装上……

1962年10月中旬，拍摄工作在浪漫之都巴黎展开。

奥黛丽和格兰特的合作是愉快的，奥黛丽曾评价说："与他合作非常愉快，他很会表达，却又保守。他过着非常平静的生活，我也是。"

有一次拍戏的时候，他们正挨着坐着，等待拍摄下一个镜头。格兰特忽然把手放在奥黛丽的双手上对她说："你得学着更爱自己一点。"

在这段时间里，两个人之间的了解越来越深，虽然刚结识不久，却像是多年的老朋友一样。

通过这部影片，奥黛丽和格兰特成了非常要好的朋友，两个人都觉得二人配戏很容易。在1962年底拍摄工作快要结束的时候，格兰特在接受媒体采访时说："圣诞节我最想要的礼物，就是和奥黛丽·赫本合作下一部电影。"可惜的是，《谜中谜》成了他们合作的唯一一部电影，此后尽管两个人都想和对方合作，但是总因为不同的片约而错过了。

奥黛丽给格兰特留下了深刻的印象。多年后，当白发苍苍的格兰特回忆起当年的奥黛丽时，不禁感慨道："在她柔弱的外表下，有着钢铁般的意志。"

1963年11月5日，《谜中谜》在纽约无线电影城音乐厅上映，立即打破了这个电影城的上映电影票房纪录，之后，这部电影在全美的票房飙升。人们对这部佳作给予了高度的赞扬，《纽约客》称赞它"堪称是今年最好的美国电影"。

不过，这部令人叫绝的佳作却遭到了奥斯卡的冷遇，只得到了最佳歌曲一项提名，最终也没有获奖。人们猜测，可能是与当时的政治环境有关，因为肯尼迪总统遇刺身亡，而影片中有不少暴力情节，所以这样一部完美的影片并没有得到奥斯卡的青睐。但在英国，这部电影却成了荣誉的宠儿，奥黛丽和格兰特都获得了英国电影学院奖，奥黛丽第三次摘下了影后的桂冠，成为当时获得英国学院奖最多的女演员。

心灵的眼睛——《盲女惊魂记》

1967 年，奥黛丽又挑战了新的角色——盲女。

影片的名字叫《盲女惊魂记》（又译作《等到天黑》），讲的是一个盲女的故事。一位摄影师在不知情的情况下把一个装满毒品的玩具娃娃带回了家，第二天，凶残狡猾的毒贩子亨利就查到了他的家。这时候摄影师的家里只有他的盲妻苏西一个人，毒贩子让自己的手下人伪装成摄影师的朋友和苏西周旋。他们利用苏西眼盲，一面和她东拉西扯，一面开始寻找那个玩具娃娃。苏西虽然双眼看不见，心里却有一双格外明亮的眼睛。她在邻居女孩的协助下渐渐查明了真相，一场惊心动魄的斗争也在她的家里展开。经过无数凶险，聪明的苏西最终取得了胜利。

这部电影是由特伦斯·杨导演的。由特伦斯执导其实是奥黛丽的意思。早在奥黛丽刚刚从影的时候，她就得到过特伦斯的指导。在一部叫作《鹰之谷》的影片挑选演员的时候，特伦斯就注意到了奥黛丽的优雅与美丽。

不过，由于这部影片的角色需要一位具有健康美的健硕女子来担任，所以苗条优雅的奥黛丽没有当选。不过，特伦斯和蔼可亲的态度给奥黛丽留下了深刻的印象。

奥黛丽一直坚持由特伦斯执导，因为她觉得特伦斯的才气能让一件小小的事情变得妙趣横生，这是其他人做不到的。事实证明，奥黛丽的坚持是正确的。

当时，梅尔·费勒担任这部影片的制片人。其实这也是奥黛丽和梅尔分手前合作的最后一部作品。

在影片中，奥黛丽饰演的瘦弱盲女要一个人面对闯入家中的不速之客，要和他们斗智斗勇。按照剧本，她要把灯泡打碎，切断电源，让歹徒落入无边的黑暗之中。因为她本来就是盲人，在自己的家里出入过成千上万次，对每一步都非常熟悉。但是歹徒在黑暗中却成了盲人，他们只能摸索着走路。

要想演好这个角色并不简单。奥黛丽的眼睛大而明亮，那炯炯有神的样子根本不像是盲人，没办法，她只好听导演的话戴上了能让她的眼睛看起来没有光泽的隐形眼镜。隐形眼镜戴起来很困难，总是要流很多眼泪才戴得进去，时间长了，还会让眼睛变得干涩，非常不舒服，但是为了能演好这个角色，奥黛丽还是坚持了下来。

从外形上看，奥黛丽已经很像一个盲女了。但是在行动上还有更严格的要求，她既不能像正常人那样拿东西如同探囊取物，也不能像是在陌生的地方那样跌跌撞撞。她要把握好这个尺度。为了能更好地找到盲人的感觉，奥黛丽还到盲人学校请教老师。她把自己的眼睛蒙起来练习走路、拿东西，像一个真正的盲人那样不错眼珠地说话。

经过辛苦的练习，奥黛丽学会了在绝对安静的条件下听声音测出人或物与她之间距离的方法。她学会了用手杖走路，靠轻敲地面的声音来判断路面的质地是瓷砖还是硬木或是橡胶、石板等。

但这些还不算最难的。最难的是，让一个打字员坐在门口打字，她要从声音听出打字员是在屋子里面还是外面。她还学习了专供盲人使用的电话。最后，奥黛丽已经能闭着眼睛准确地把东西递给别人，能够凭感觉测出距离，能准确地从茶叶罐里取出茶叶并测出她和炉子之间的距离，然后把水加热，小心地煮上一锅茶水……

经过认真刻苦的练习，奥黛丽终于找到了盲人的感觉。在影片里，奥黛丽几乎不曾眨动一次眼睛。她的精彩演绎，让一个盲女的形象鲜活而生动起来。她那睁着大大的眼睛满脸惶恐的样子，给很多人留下了深刻的印象。

很多人在看《盲女惊魂记》的时候都忍不住为苏茜捏一把汗，他们为苏茜叫好，为苏茜凝神屏气，为苏茜鼓掌庆贺。影片的情节跌宕起伏，每一个环节都非常精彩，尤其是奥黛丽出神入化的演绎。

这部影片是非常成功的，也是奥黛丽辉煌电影史上的巅峰之作。这部影片为她带来了第五次奥斯卡影后提名——也是她演艺生涯中的最后一次。

chapter 8

Fashion is not chasing, is looking for yourself

第八章

时尚不是追逐，而是
找寻自己

_"赫本风格"成为专有名词

奥黛丽·赫本以她特有的优雅气质及引领时尚潮流的穿戴而成为众多女孩模仿的对象。她饰演的安妮公主的形象影响了当时的很多年轻女孩，她们纷纷剪短长发，穿上白衬衫和长及膝盖的裙子。风靡世界的短发，被人们称为"赫本头"，即使在今天，"赫本头"依然是时尚的宠儿。

纪梵希精湛的设计，更是让奥黛丽别具一格的美彰显出来。纪梵希为她设计了影片《龙凤配》《甜姐儿》《黄昏之恋》《蒂凡尼的早餐》《巴黎假期》《偷龙转凤》《谜中谜》《窃贼之爱》等影视作品中的服装造型。她的穿衣风格始终走在时尚的前沿，甚至每一个细微的变化，都会像蝴蝶效应一样引起全世界的一场时尚风暴。

奥黛丽对自己的优点与缺点把握得很准确，正是因为对自己的正确认识，所以才能更好地扬长避短。纪梵希评价她说："她很清楚地知道自己要什么，她了解自己的容貌与身材，优点与缺点。她知道要穿着削肩的晚礼服遮住自己嶙峋的锁骨。我为她设计的款式终于变成广受欢迎的时装，我将之命名为'瑟宾娜露肩洋装'。"

奥黛丽的确很了解自己，她说："我从 12 岁就开始工作，非常了解自己的身体。我并不是个美人，每个部位分开看都不漂亮。在工作的时候，我完全仰仗公司的发型师和化妆师。"

她有自己的一套风格："你必须客观地看待自己，像研究乐器一样分析自己，对自己完全坦白；面对缺陷，不要试图隐藏，要发展自己的其他优势。"

她的衣着打扮形成了一种独有的风格，在五彩缤纷的时尚界，"赫本风格"成了一个专有名词。追求时尚的女孩子们纷纷向奥黛丽看齐，以穿戴"奥黛丽同款"的衣服、饰品为一种潮流。

一时间，赫本头、平底鞋、白衬衫、立领套头毛衣、剪裁简洁的合身长裤、夸张的黑色太阳眼镜、三分袖等等风靡时尚界。希索·毕顿（Cecil Beaton）在时尚杂志里这样写道："二次大战以前，没有人这样打扮……但现在则有成千上万的人都在模仿她的穿着。"

奥黛丽身上有一种古典美。她从不迷信性感，如果不是演戏必需，她从来不会穿那些暴露的衣服。奥黛丽代表了一个时代女性的特点。

她出道的时候，正值二次世界大战后乐观主义盛行，世界经济、文化蓬勃发展的时候，女性得到了普遍的解放。她们纷纷步入职场，去大胆追寻自己的梦想，过自己想要的生活。奥黛丽以她特有的容纳古典美与时尚美于一体的优雅气质，受到了广泛的欢迎与喜爱。她没有按照人们约定俗成的审美标准去打扮自己，而是以自己对"美"的独到见解来穿戴。

敢于逆流而上是需要勇气的。其实不仅是在审美观点上，在生活上奥黛丽同样是勇敢的。她敢于寻找属于自己的生活，无论在爱情上，还是在事业上，都能够拿得起、放得下。经常和奥黛丽共事的专业化妆师凯文·奥克恩说："我们最需要向奥黛丽学习她那种乐观、勇敢面对生活的态度。"

事实证明，奥黛丽别具一格的短发、平底鞋、白衬衫等是顺应时代潮流的，这样的装扮将女性从紧身毛衣、紧身窄裙和高跟鞋的束缚中解放出来。

在她出现之前，女性常常会以一种几近自虐的方式来修饰自己丰满的胸部，似乎不丰满一些，就会感到自卑，甚至遭遇冷眼。但是奥黛丽的出现改变了她们的看法。在这位美丽的公主身上，她们看到，原来苗条的身材更有一番韵味，即使身材扁平，也自有与众不同的魅力。

要想在那个年代形成一个人独特的风格是不容易的。王薇拉（Vera Wang）评价奥黛丽说："奥黛丽是最早的现代女性之一——受制于文化的影响，要走出个人的风格并不是那么容易。她的穿着显示出她的想法与心智。为了要这样做，必须时时游走于危险边缘。要拒绝好莱坞的种种诱惑需要极大的勇气，特别是要走出20世纪50年代珍·罗素（Jane Russell）当道的性感时期。"

奥黛丽有自己的一套穿衣哲学。她被称为全世界最高雅、最有品位的女人，这与她优雅的着装是分不开的。她认为每个女人都应该找到一种最适合自己的穿衣风格，在这个风格的基础上，再根据时尚流行和季节变化去装点修饰。她的衣服优雅大方，简单随意中流露着一份高贵。她喜欢时尚，但绝不做时尚的奴隶，更不会刻意去模仿别人。她的每一种形象，都是专属于自己的。

她不喜欢把自己打扮得花枝招展，穿衣服看重的是简单、舒适、优雅、得体。她的穿衣哲学是："穿着休闲夹克衫出席一些要求正装的场合，要比穿着正装出席一些非正式场合好得多。"

"越简单越好"，这是奥黛丽穿衣哲学的精髓。她的衣服并没有太过苛刻的修饰，只是简单地剪裁，原本暗淡无光的布料到了她身上就出现了惊人的变化。

纪梵希开玩笑说："奥黛丽即使只披着一个装土豆的口袋，也能够显露出高雅的气质。"他始终认为，奥黛丽的美是天生丽质的效果，自己设计的服装只是陪衬。但是奥黛丽却认为自己的美丽源自于纪梵希的设计。从旁观者的角度，我们看到的是奥黛丽天生的美与纪梵希精湛设计的结合，才形成了奥黛丽独有的优雅风格。

在拍摄电影的时候，奥黛丽对戏服也很有主见。她不会随随便便接受工作人员提供的服装，总是要经过一番深思熟虑，如果感觉这套衣服不合适，她会提出自己的意见。

奥黛丽总是教育自己的孩子说："好好照顾你的衣服，因为这会影响到你给别人留下的第一印象。"她同样也用这句话来提醒自己。

奥黛丽独特的时尚风格让她即使离开影视界也依然受到人们的广泛关注。当与她同时期的影星大多光华褪尽的时候，她依然在引领着时尚的潮流。

1990 年的《时人》（People）杂志将奥黛丽评价为"全球最美丽的五十人之一"。1996 年，《哈珀·昆恩》（Harpers & Queen）杂志进行了一项关于找出当代最美的女性的民意调查，最后高居榜首的竟然是已经辞世三年的奥黛丽·赫本，足见她在人们心中留下的美好而永恒的印象。

化妆是每个追求时尚的女人不可或缺的一门功课。有人喜欢浓妆艳抹，也有人喜欢雅致的淡妆，喜欢素颜的也不在少数。在化妆上，奥黛丽并不喜欢像其他女星那样用厚厚的脂粉装饰自己，她更倾向于一种自然的美。

1953 年，奥黛丽的公关人员发布了一份新闻稿。当她被问到她擦什么粉的时候，奥黛丽答道："没有。"这让人感到惊讶，不过，这的确是奥黛丽的生活习惯。

至于口红，她喜欢很浅的颜色，这样浅色调的口红看起来更自然，只是提高了唇部的亮度。她只强调眼妆："我用黑色的眼线、睫毛膏，和深咖啡色的眼影笔。我会在眼睑上刷一下眼影，眉毛则顺其自然。"如果要在晚上出席一些活动，她会在眉骨上上一些亮彩眼影。

奥黛丽的化妆师亚伯特·罗西（Alberto de Rossi）提到为奥黛丽化妆时说："每次我见到这张脸，就是见到一张上帝给的脸。但这张脸应该要自然柔和，不要像戴着面具一样做作。"

在《罗马假日》里，他为奥黛丽化的妆淡雅自然，脸上不擦粉底，只是涂上粉红色的口红，重点在于眼妆。这也是奥黛丽很喜欢的妆容。有人赞美奥黛丽的眼睛是全世界最美丽的眼睛，她立即谦虚地回答：

"喔，不！或许是化得最漂亮的眼睛，但这都是亚伯特的功劳。"

亚伯特有着精湛的化妆技巧。在为奥黛丽上妆的时候，为了提升肌肤的质感，他会用肥皂与清水将她的脸清洁干净，然后为她的脸及脖子轻轻地上一层粉底，再扑上蜜粉刷匀，最后喷上矿泉水，两分钟后再用面纸擦一下。

奥黛丽的五官很精致，化妆不需要花太多工夫。正像亚伯特所说："她的下颚骨线条分明，所以我会强调她的鬓角部位作为修饰，除此之外，她的脸部是不太需要修饰的。"

奥黛丽并不喜欢化妆，平时不工作的时候很少化妆："我喜欢没化妆时素净的脸，这样感觉比较好。"需要化妆的时候，她的妆总是化得很淡。

奥黛丽的美是自内向外发散而出的，就像花香，从花蕊中飘散出淡淡的味道，优雅、大方。她内心纯善，对待朋友、同事总是真诚而热情。而且她才华横溢，能流利地说多种语言，对芭蕾都很有造诣，在演戏技巧上更不必说。这样一个秀外慧中的女子，我们简直看不到任何缺点。如果非要找出一项缺点，我们只能说，她的缺点是太完美了。

她的美是令人羡慕的。除了天生丽质以外，后天的生活习惯也是非常重要的。她的生活严谨而健康，作息时间也很规律，这是她总能保持旺盛精力的最主要原因。她的儿子肖恩回忆说："她总是按部就班，一辈子过着规律的生活……她希望自己每天都能定时地起床、吃饭、散步与就寝。"

没有人可以永葆青春，但是我们可以努力让衰老来得慢一些、晚一些。常常有人向奥黛丽问起美丽的秘诀，奥黛丽从容回应："我的日子没有理论或公式，有时跟着直觉，有时是常识。逻辑推论也很好，我从许多的事物与人身上学习到逻辑推论——从我的母亲身上，从芭蕾舞的训练，从《时尚》杂志。"

她总是把自己照顾得很好。很多时候，她会很自然地顺应身体的需要。与其说她的生活有规律，不如说是一种好习惯。她不会强制自己去早睡早起，她会为美味的奶油蛋糕而一时大开胃口，对此，她并不会苛刻地限制自己，正如她所说："对于食物或是身材，其实你不必太过紧张，否则你就会沦为自己美丽的奴隶……也许你可以拥有美丽的肌肤，但是你可能也会变成机器人。"

按摩也是奥黛丽生活中的一项重要活动。她每周会做三次按摩，这样能放松身心，减轻疲劳。她常常会告诫朋友，一定要找对好的按摩师，因为不好的按摩师会弄伤肌肉，造成终身的伤害。

奥黛丽还是个美食家。她会做很多美味的菜肴、甜点，让全家人欢聚一堂。在饮食习惯上，她很注重健康，"我的身体里似乎有个测量器。我的胃口很好，也不挑食——我每种食物都吃——但只要吃饱，我的闸门就会放下来，我就不再多吃。"

比起豪华大餐，奥黛丽更喜欢好好地做一顿简单的食物，比如好吃的牛排，再加上令人赏心悦目的沙拉和几颗覆盆子。

奥黛丽的美形成了一个独特的风格。从内到外，都有她与众不同的特点。这份动人心弦的美是影视界永恒的经典形象，无论外在的容貌，还是内在的体魄、心态乃至性格，都是唯一的。

有一种知己，叫作纪梵希

奥黛丽在银幕上留下的经典形象，一半归功于她天生丽质的形象与优雅气质，还有一半则要归功于休伯特·纪梵希精湛的服装设计技巧。他们因为一部《龙凤配》结成了融洽的合作关系，也结下了一生的真挚友谊。

1952 年，25 岁的纪梵希在巴黎创立了自己的时装店。当时迪奥的新形象风靡欧美，但是纪梵希和他的精神导师巴伦夏加（Balenciaga）却有不同观点。他们觉得新技术突飞猛进，一切都在变化着，女人们对服装的要求也会随着外界条件的变化而变化，比如乘飞机或旅行时，她们的形象可能会发生重大的变化。

纪梵希设计的衣服以其夸张的色彩和简洁的造型而闻名。这样的衣服看起来典雅高贵，也赋予了时装以时代的新意。

1954 年的《龙凤配》是奥黛丽与纪梵希合作的第一部电影。影片中奥黛丽穿的黑色鸡尾酒裙一经亮相，马上就成了千千万万女影迷们的新宠。这件裙子的肩带上装饰着两只小蝴蝶，优雅大方中又不失俏丽。在随后的几十年中，这件裙子不断地被复制和模仿。它成了时尚女人衣橱里必备的一件衣服。

在影片中，奥黛丽饰演的瑟宾娜从法国烹饪学校回到家乡时遇到了她一直迷恋的雇主次子戴维。她穿着剪裁合身的灰色套装，凸显着一种玲珑有致的曲线美。头上戴着灰色的头巾，前额的刘海俏皮地垂下来，手上戴着白色的手套，一堆硬壳行李箱，还有一对可爱的贵宾狗，这一切将奥黛丽独有的魅力演绎到了极致。

这部影片对女性的服装意识造成了极大的震撼。从丑小鸭变成美丽的白天鹅，然后嫁一个心爱的白马王子，这似乎是每一个平凡女孩的愿望。年轻姑娘们为奥黛丽而疯狂，她们努力模仿着奥黛丽，从穿着，到说话，到动作，乃至每一个细节。

瑟宾娜形象设计的成功很大程度上要归功于纪梵希。奥黛丽邀请他参加了《龙凤配》的首映典礼，这也是他第一次到美国洛杉矶旅游。然而，到这里奥黛丽才惊讶地发现，纪梵希竟然不在工作人员的名单上！纪梵希是一位绝对的温文尔雅的绅士，他只是微笑着说是自己"漏看"了。

但是奥黛丽却对这件事愤怒不已。她承诺，以后一定会对他有所补偿。奥黛丽做到了，在她以后的演艺生涯中，纪梵希几乎成了她的御用服装设计师。他们的合作，也是时尚史上最为成功的合作。

休伯特·纪梵希后来回忆说，从见到奥黛丽的那一瞬开始，他就一直用头脑而不是眼睛为奥黛丽设计服装。他和奥黛丽之间很默契，在看待一些问题时很容易达成一致。正是这份默契，让他们的合作非常愉快。奥黛丽和纪梵希被称为"超级明星和时装天才的梦幻组合"，他们的合作将电影与时尚演绎到了极致。

巴黎高级时装设计师、世界著名奢侈品牌巴黎世家的创始人巴伦夏加对纪梵希的影响很大。一方面，纪梵希是巴伦夏加的弟子；另一方面，两个人也是非常要好的朋友。纪梵希为人正直，他不喜欢制造各种新闻来扩大自己的名气。他甚至效仿巴伦夏加，拒绝记者采访自己的时装发布会，这样一来，当他的作品正式亮相后，媒体就不能在舆论上拿他怎么样了。

这让唯恐天下不乱的媒体大为恼火，甚至开始联手对他封杀。

不过，这并不能阻止纪梵希名气的扩散。恰巧迪奥去世，巴伦夏加便成了全世界最重要的时装大师，这样的人物媒体怎么敢招惹呢？于是，他们只能对纪梵希的作品给予报道。

奥黛丽与纪梵希合作的每一部电影都堪称完美。奥黛丽在《蒂凡尼的早餐》（*Breakfast at Tiffany's*, 1961）中的服装是纪梵希服装设计史上的又一个里程碑。影片中，奥黛丽穿着纪梵希设计的黑色裙装，戴着黑色的长手套和蒂凡尼的珍珠项链，头上绾着高高的发髻，戴着大框黑色太阳镜，这样的形象成了几乎全世界追求时尚的女人模仿的对象。

在 20 世纪 60 年代，奥黛丽与纪梵希的梦幻组合成了一个优雅的典范。无论电影界，还是时装界，他们的名气与完美组合都是绝无仅有的。纪梵希为奥黛丽在《甜姐儿》（*Funny Face*,1957）、《黄昏之恋》（*Love in the Afternoon*,1957）、《谜中谜》（*Charade*, 1963）、《巴黎假期》（*Paris When It Sizzles*,1964）、《偷龙转凤》（*How to Steal a Million*,1966）等影片中设计的形象也都是相当成功的。

除了戏服，奥黛丽平时的生活装也大多出自纪梵希之手。她结婚时穿的礼服，儿子受洗时穿的礼服、受洗袍等也都是纪梵希亲自设计的。这些是工作以外的，完全是出于一种真挚的友情。

奥黛丽优雅的外貌和修长的身材给了纪梵希源源不断的创作灵感。纪梵希不无感叹地说："每位女性都渴望拥有奥黛丽·赫本的外表。"其实，每位女性都渴望拥有的不仅是奥黛丽·赫本的外表，还有她那经典的时装。

奥黛丽将纪梵希设计的服装看成美丽的花瓶，能够让田野上普通的花朵变得更加美丽；但是纪梵希却把自己设计的服装看作普通的花瓶，只有在花朵的天然美丽衬托下才显得引人注目。

他们谦逊着，又互相赞美着，源自于内心的高尚品德，便成了动人的优雅气质。就像奥黛丽的儿子肖恩说的："高雅源自于他们二人内心的价值观，这并不是刻意营造出来的，而是谦逊品德的自然流露。"

纪梵希说："女人不是单纯地穿上衣服而已，她们是住在衣服里面。"他对时装有着自己独到的见解，而奥黛丽也是一样。

一种心灵的默契，让他们互相鼓舞，互相支持。纪梵希设计的服装让奥黛丽非常自信，在1956年接受记者采访的时候，奥黛丽说："只有穿上他设计的衣服，我才是原来的我……他不仅是位服装设计师，更是人格的创造者。"她在代表联合国儿童基金会演讲的时候，这种感觉依然非常强烈，"当我代表'联合国儿童基金会'在电视摄影机面前演讲时，自然会紧张；但穿着他设计的衣服，我觉得好像有人在保护我。"

奥黛丽与纪梵希合作的成功是有目共睹的。她的朋友雷夫·罗兰（Ralph Lauren）对他们的合作给予了好评："我相信奥黛丽给了纪梵希服饰全新的风貌。他们持续不断地合作，但我认为是奥黛丽挑选出适合她个人风格的衣服……她懂得挑选适合她的衣服。"名模克莉丝缇·朵宁顿（Christy Turlington）对罗兰的观点也深表赞同："纪梵希设计的美丽服饰何止千万件，但你记得的却是赫本与他合作的那几件，我觉得这与她对他造成的影响有关。那些服装也正是我的最爱。那是真正的合作关系，她不仅是缪斯女神——她为那些设计提供了更多的想象。"

在生活中，他们是非常要好的朋友。在奥黛丽晚年生病的时候，纪梵希经常去看望她。从洋溢的青春年华，到青丝成白发，多少年来，他们的友情始终真诚醇厚。

奥黛丽的儿子肖恩说："我相信，这种感觉是相互的。"他们彼此看重，彼此珍惜，这份珍贵的友谊，不仅是他们两个人的财富，更是演艺界与时尚界的一笔宝贵财富。

没有"公主病"的公主

奥黛丽浑身上下透着一股高贵、典雅的气质，更为难得的是，她始终保持着一颗谦逊的心，无论在成名前，还是在成名后，谦虚、纯善、真诚、坚强等宝贵的品质从未改变过。

拍摄电影常常会遇到各种各样的困难。有时候明明是大热天，却要穿上冬装，即使浑身冒汗也要装成寒冷的样子；而有时候明明是寒冷的冬季，却要按照戏中的情景穿上薄薄的夏装，装成炎热的样子。

每一部影片都有不同的问题。不过，奥黛丽从来不会退缩，即使是生病，只要还不至于倒下，她便会坚持着拍戏，绝不会拖剧组的后腿。

奥黛丽与梅尔结婚后经历了一次痛苦的流产，之后拍摄了在怀孕前就签订的《战争与和平》。在她开始拍摄的时候，身体还没有完全康复，在精神上也没有从流产的阴影中完全解脱出来。

为了拍好这部电影，奥黛丽翻阅了19世纪早期的各种书籍插图，从中找寻那个年代的服装样式与化妆。

1955年的秋天，经典电影《战争与和平》拍摄完成。影片很成功，得到了广泛的好评。但是，对自己要求极高的奥黛丽却对自己的表现并不满意。她认为自己缺乏系统的演出知识和经验："我演戏是感觉多于理解。演戏对我来说，真是不容易的事。一招一式我都要全力以赴，今后我得努力把我所缺乏的知识补上。"

在《战争与和平》还未拍完的时候，奥黛丽又接下了《滑稽面孔》。《滑稽面孔》对奥黛丽有着很大的吸引力。这部电影中有很多歌舞场面，她可以大展舞蹈才艺。与她演对手戏的是赫赫有名的弗雷德·阿斯泰尔，她为能够与这位著名的影星一起跳舞而兴奋不已。

不过，舞蹈是一件很费体力的事。为了拍好这部片子，奥黛丽不得不花上很多时间去跳舞，练习各种舞蹈动作。此时的奥黛丽已经不是十几岁的少女了，肢体远不如以前那么柔软。但是为了拍戏，她只好忍着身体的疼痛，按照设计的要求做好每一个动作。

她与阿斯泰尔的配合非常默契。那时，阿斯泰尔已经年近60岁，但是依然保持着一名舞蹈家的柔韧肢体和完美的身材。他为人忠诚、谦和，平时少言寡语，而跳起舞来却浑身充满力量。

奥黛丽很崇拜这位著名的大舞蹈家。在阿斯泰尔面前，她会有些紧张甚至自卑。当阿斯泰尔看见奥黛丽站在那里等着和他握手的时候，干脆果断地走过去给了她一个温柔的拥抱，并在那一刻把她带进一个日常的交谊舞里。

奥黛丽不禁一阵激动。这个鼓舞性的拥抱一下子拉近了两个人之间的距离。后来奥黛丽说："许多女子都想过一件事——和弗雷德·阿斯泰尔共舞。这个机会落在我头上了，我多幸运！"

　　奥黛丽很聪明。她在这位老前辈身上学到的不仅仅是舞蹈的知识，更懂得了一名电影表演艺术家的可贵品质——对工作的深思熟虑和精益求精。在好莱坞的几场戏拍完后，剧组前往巴黎拍摄剩下的戏份。奥黛丽和梅尔住进了一家叫作"拉斐尔"的旅馆。从这时起，奥黛丽又形成了一个新的习惯：搬家。

　　她将自己的东西用船运过来，烛台、瓷器、书籍、图画、花瓶、灯具、靠垫、银器，甚至是大型的家具也都运了过来。她要把这里布置成和家里一个样儿，而且，在以后的岁月中，奥黛丽也保持着这个习惯。她走到哪儿，她的家就跟着搬到哪儿。有时候只住几个星期，她也坚持要搬家。仿佛只有用着属于自己的东西，她才会感到舒服。

　　收拾和摆放大件小件的物品是很让人头疼的事情，但是奥黛丽却不厌其烦。在收拾东西的时候，她会在每件物品的包裹上贴好标签，重新摆放的时候，她会看着标签小心地打开每一件物品，然后耐心地摆放在合理的位置。这样麻烦的过程，对她来说仿佛成了一种享受。

　　在《滑稽面孔》中需要拍摄外景的地方很多，而繁华的巴黎到处都挤满了人，这给剧组带来不少麻烦。而且，这一年的春天似乎格外冷，经常下起冰冷的小雨。而剧情要求的巴黎是清洁、美丽、晴朗的浪漫之都，没有那令人讨厌的雨水和雾气。可剧组遇到的实际情况却恰好相反。他们不得不一天天推迟下去，等待晴天的到来。

在拍摄一场叫作"他爱，她也爱"的戏时，奥黛丽和阿斯泰尔要在院子里跳舞，他们要先到一块草坪上，经过一个有围墙的花园，再走过一座美丽的桥，然后跳到一只停泊在水中的木筏上。这场戏让他们的脚都沾满了土，但是奥黛丽没有任何怨言，一直坚持拍完。

过量的工作几乎把瘦弱的奥黛丽累垮了。她的体重减轻了15磅，身体十分虚弱。但是，派拉蒙公司安排的紧张日程却不允许她有休息的时间。直到夏天，《滑稽面孔》的拍摄工作才算完成，紧接着便是《黄昏之恋》。唯一让奥黛丽感到庆幸的是，这部片子还在巴黎拍摄，她可以避免又一次的舟车劳顿了。

在这部片子里，奥黛丽饰演一个学大提琴的学生，为了演好这个角色，她开始向一位大提琴师学习拉琴。

每一个角色，都有新的挑战。奥黛丽之所以能将影片中的人物形象演得惟妙惟肖，正是因为她对人物角色细致入微的揣摩，并把自己当成剧本中的真实人物，只要是这个角色需要掌握的知识，她都能努力掌握。

1957年，奥黛丽被社会专栏作家柯里·尼克博克尔和英国社会摄影家安东尼·毕欧千姆普封为世界10位先进女性之一。

这便是奥黛丽，一个没有"公主病"的公主。她外表柔弱，内心却那么坚强、勇敢。无论做什么事情，她都会坚守自己的原则——追求完美。无论有多少困难，她总能坚强地去面对，慢慢去克服，去适应。

"The beauty of the evening" is not a tragedy

第九章

"美人迟暮" 并不是一个悲剧

小狗"著名"与小鹿"依比"

奥黛丽非常喜欢小动物。在她拍摄《黄昏之恋》的时候，梅尔送了她一只可爱的约克夏小狗。这是她收到的所有礼物中最喜欢的。

小家伙有一对亮晶晶的眼睛，浑身长满了棕色的长毛，看起来像一个棕色的小毛球。这只可爱的小狗给了奥黛丽极大的惊喜。那时候她还没有孩子，对这个小家伙就像对自己的孩子一般宠爱。

奥黛丽给小狗取名"著名"（又译作"出名""飞毛"）。那真是一只著名的小狗，因为无论奥黛丽走到哪里，都要把小狗带在身边。

平时，奥黛丽会用芳香的狗毛洗发露给"著名"洗澡。她细致耐心，每一根细细的绒毛都要梳理柔顺。她会定期为它修剪指甲，经常更换项圈和丝带。

那时候奥黛丽还住在拉斐尔旅馆。每天早上，奥黛丽都会带着"著名"出去散步，旅馆的工作人员——从擦皮鞋的黑人到侍女、男仆，甚至是电梯司机都知道奥黛丽的这个习惯，他们会赶紧把路清扫得干干净净，因为奥黛丽要带小狗下楼了！

散步之前，奥黛丽会把"著名"打扮得漂漂亮亮的。浑身柔软的毛总是梳理得非常整齐，脖子上扎着漂亮的丝带或者戴着闪闪发亮的项圈。小家伙昂着头，那神气的模样真是可爱极了。

"著名"是一个喜欢乱叫又容易精神紧张的小家伙，和它那优雅的主人可一点也不像。不过，奥黛丽宠爱它就像是宠爱自己的孩子，连她的同事也觉得"著名"是她的"小孩替代物"，尤其是看到她为小狗梳洗打扮的时候。

因为主人是赫赫有名的影星，"著名"也得以常常在一些影视作品中露脸，在摄影作品中更多。小家伙很会抢镜头，总能做出各种令摄影师惊喜的动作来，这一点倒是很像它的主人。

拍戏的时候，奥黛丽也会带着"著名"，即使没有它的戏份。在拍摄《蒂凡尼的早餐》时，每到中途休息，"著名"就会趴在主人的膝盖上，这样的场景给所有人都留下了深刻的印象。

在奥黛丽的第一个儿子肖恩快出生的时候，欧洲经常发生绑架事件，引起了人们的恐慌。向来缺乏安全感的奥黛丽更是害怕，她请富瑞在伯根斯托克的入口处加强警戒。还有一件事总让她感到不安，那就是儿子的出生，必然会使她把花在"著名"身上的精力分出一部分来给儿子。

对于奥黛丽来说，"著名"是她的大孩子。她害怕"著名"因为肖恩的到来而感到不开心。而她所担心的，也的确成了事实。每当肖恩哭闹的时候，"著名"就会有些焦躁。小家伙困惑地看着全家人都围着那个小生命团团转，而它却只能在一边羡慕地待着。有时候，它甚至会朝着啼哭的婴儿咆哮。

为了能让"著名"感到平衡，奥黛丽特意让它从原来的木制狗窝里转移到了她的床底下。奥黛丽耐心地和它讲话，温柔地爱抚它。渐渐地，小家伙终于接受了这个"弟弟"，不再向肖恩吠叫。

有一次，伯根斯托克忽然刮起了特大风暴。"著名"吓坏了，发疯似的楼上楼下地窜来跳去，一面跑一面狂吠不止。后来大概是跑累了，躲到角落里藏了起来，一声惊雷之后，它吓得"呜呜"直叫，然后又闪电一般窜到别处去了。奥黛丽以为它一定是钻到自己的小窝去了。

紧接着，又一个震耳欲聋的雷在天空炸响。奥黛丽有些害怕了，她怕肖恩会遇到危险，赶紧跑到楼下看儿子，也看看小狗。然而当她走进儿子的房间时，那一幕温暖的画面让她永生难忘："著名"正在肖恩旁边警戒地看着周围，像个小保镖一样，而肖恩睡得正香。

不过，"著名"并不是那种很乖的小狗，相反，它总是很淘气，也常常给奥黛丽带来麻烦。有一次，她带着小狗到比利·怀德在洛杉矶的家中做客。她一再保证，"'著名'一定会乖乖的"，但是小家伙却故意和她唱反调。

比利·怀德家里也有一只约克夏小狗，叫作"五十"，"著名"看了"五十"一眼后，便在他们家路易十四时代的丝质客厅座椅上撒了一泡尿，那得意扬扬的小样仿佛是在示威一般。

奥黛丽感到非常抱歉，但是"著名"却像打了胜仗一般，丝毫不为主人感到尴尬。它被主人宠坏了，即使做了错事，也不会得到惩罚。还好，它总是懂得如何取悦自己的主人，即使什么都不做，单凭可爱的长相也足够让奥黛丽开心了。

在拍摄《修女传》的时候，奥黛丽需要和剧组到非洲去。她坚持要带小狗一起去。然而，比利时政府对进出口的动物管理非常严格，那时候刚果是比利时的保护国。

为了能带小狗去，奥黛丽不得不请律师和比利时方面的政府官员协调。于是一份关于一只小狗的文件从好莱坞飞到比利时，然后又从比利时飞到好莱坞。最后，"著名"的出国手续终于办好了，又接受了狂犬疫苗接种并取得证书，这样，它终于可以和主人一起出国了。

在拍摄《孩子们的时刻》中的一场关键戏时，奥黛丽忽然听见有人说了一句"'著名'不见了"，所有的注意力立即都转移到了小狗身上，戏也拍不下去了。原来贪玩的"著名"不知道什么时候偷偷溜出了摄影棚，跑到制片厂内的街上去了。

奥黛丽慌乱地把制片厂的警察找来，让他们全部出动，去把她的小狗找回来。对此，导演非常生气，又无可奈何。主角跑掉了，戏自然也拍不下去，整个剧组的人只好等奥黛丽回来。

当奥黛丽终于失魂落魄地回来时，台词几乎全忘了。她的脑袋里全是小狗的样子。她请求导演的原谅，希望休息一下再继续演。但是紧接着，她就哭了起来，导演见她情绪激动，便让她到更衣室去休息。

坐在更衣室里，奥黛丽又是担心又是害怕。忽然，有人喊了一句，

"'著名'找到了！"这句话简直像一把火焰，让奥黛丽灰色的心情一下子亮起来。她欣喜若狂地奔出去，但是马上又慌乱不已，她担心小狗已经发生了什么危险。

终于到了发现小狗的地方。那里有一堵高墙，旁边是脚手架，小狗正站在墙的最高处，浑身发抖，似乎不知道该前进还是退后。如果不小心摔下来，后果就不堪设想了。

奥黛丽不敢召唤它，也不敢让别人叫它，因为怕小狗会受惊掉下来。一向怕高的奥黛丽，此时为了小狗却异常勇敢起来。她小心地爬上了脚手架，攀上高墙，然后将小狗抱了下来。重回地面，她已经吓得脸色苍白，但总算是有惊无险。

电影拍完后，奥黛丽仍然暂时住在好莱坞。有一天，"著名"从专门为它开的小门跑了出去，奥黛丽一发现立刻就慌了。当她跑到街上的时候，映入眼帘的却是一幕车祸的惨状，她心爱的小狗已经倒在血泊中。

那一刻，奥黛丽几乎昏厥。她抱着心爱的小狗，眼看它在自己的怀抱里闭上了眼睛。

巨大的悲痛如潮水般袭来，她几乎精神崩溃。奥黛丽再不愿住在好莱坞了，马上返回了欧洲，到巴黎小住。因为当时梅尔正在那里拍摄电影《最长的一日》（*The Longest Day*）。

在那里，梅尔做了一件让她略感安慰的事情。他又送了一只约克夏小狗给她，从体型到毛色，小家伙和著名长得几乎一模一样。奥黛丽为它取名"阿珊"，心中的悲痛终于渐渐平复了。在以后的岁月里，奥黛丽养的小狗越来越多，最高纪录是同时养了五只狗。她是那么喜欢小动物，和它们在一起，她总是有无穷的快乐。

1959 年的电影《绿厦》（*Green Mansions*）拍摄的时候，奥黛丽还养了一只可爱的小鹿。这是剧情的需要，因为奥黛丽饰演的少女丽玛有一只形影不离的小鹿。但是，要想驯服一头小鹿可不是什么容易的事。因为鹿是一种高度敏感的动物，有点风吹草动就能让它惊惧不已。鹿还有一个坏毛病：吃一切东西，甚至化工制品也能成为它的一顿美餐。

剧组请教了一位驯鹿专家，要找一只出生刚两三周的幼鹿，由奥黛丽亲自喂养，像对待婴儿那样照顾它、喂养它，还要陪它玩耍，渐渐地，它才会把母鹿忘掉，把奥黛丽当成自己的妈妈。这是一个漫长的过程，必须很耐心地去做。

剧组从洛杉矶的儿童动物园买来了一只幼鹿。奥黛丽虽然不愿意把幼鹿和母鹿拆散，但是又没有其他的办法。她能做的，只有像母亲照顾婴儿那样认真地呵护这个可爱的小生灵。

当剧组的人看到幼鹿的时候，不禁都哈哈大笑起来，因为这头小鹿长得太像奥黛丽了！你看，那水汪汪的大眼睛，柔弱、稚嫩的身体，又瘦又长的腿……奥黛丽非常喜欢这头小鹿，给它取名"依比"。

每隔两个小时，奥黛丽就会给"依比"喂一次温热的山羊奶，一日三餐则喂它动物罐头。小家伙食欲很好，每次都把食物吃得精光。

那时候小狗"著名"也在奥黛丽身边。起初，两个小家伙很不友好，"著名"看到主人去照顾小鹿，似乎很不高兴。但是经过奥黛丽的努力，"著名"和"依比"终于和睦相处了。

小鹿看见了梅尔的鞋子，便像看见了人间美味一般啃起来，小狗见了，便也跑过去不依不饶地撕扯；小鹿还喜欢啃烟蒂，小狗便跳上桌子，将托盘打翻；小鹿又要吃电线，奥黛丽只好将室内低处的电线拉掉……

过了一段时间后，小鹿果然完全把奥黛丽当成了自己的妈妈。

和小动物们在一起，奥黛丽非常开心。

在伯根斯托克的时候，奥黛丽家里还养着一只漂亮的金丝雀。有一次，她在放鸟食时一时大意忘记了关笼门，结果淘气的金丝雀逃跑了。奥黛丽急坏了，哭得像个孩子一般。

她的朋友富瑞知道后，赶紧召集所有在伯根斯托克能找到的人，让他们帮忙到山里去搜寻。

其中有一人满怀信心，像个伐木工人一般准备起来：带上网和钩子，把长长的绳子系在钩子上，另外还带了很多长电线和粗铁丝。他一棵树一棵树地找，一整天一整天地寻觅着。几天之后，他竟真的找到了那只逃跑的金丝雀！

他赶紧带着捕鸟的钩子小心翼翼地爬上树，然而，敏锐的金丝雀还是发现了动静，一下子飞走了。他赶紧追过去……

奥黛丽听说金丝雀已经找到的消息后又是兴奋又是煎熬。后来回忆起来，奥黛丽和朋友说道："一整个下午过去了，真叫人难熬，我劝那人放弃搜索算了。'忘记这件事吧'，我说。但是那人却不放弃……"

那天将近黄昏的时候，那个人终于将淘气的金丝雀捉到了。奥黛丽开心极了，她要送一些钱给那个人表示感谢，但是他却拒不接受。他纯粹是助人为乐的，这让奥黛丽非常感动，她不禁感慨道："看，这就是伯根斯托克。"

奥黛丽是那么喜欢小动物，对待它们，就像对待自己的孩子一样。她觉得和动物的关系是最单纯的："没有人，也很少有小孩可以这样无所要求地陪着你。他们只想活着罢了。他们只想吃饱。他们完全地依赖你，如此之脆弱。他们的脆弱让你完全敞开心胸接纳他们，或许你很少这样对待过任何一个人。"

直到永远

　　为了家庭，奥黛丽在第二次婚姻时选择了息影，去做一个好妻子、好母亲。一天天，一年年，时间褪去了青春的华彩，苍老不可避免地爬上了公主的脸庞。

　　这是每一个女人都非常担心的事情。不过对于奥黛丽来说，却没有什么可怕的，这反而给她带来了另一笔更加宝贵的财富：成熟的魅力。

　　在息影的这些年里，喜欢奥黛丽的人有增无减。人们一如既往地迷恋着她，并热切地期盼她能重返影坛。

　　在那几年，奥黛丽的确成了自己想要成为的角色。她的丈夫安德烈·多蒂的生活很有规律，每天上午在医科大学的医务室，中午回家享用奥黛丽烹调的美味午餐，然后午睡到3点，下午搞个人实验，9点回家，夫妻两人 10 点共进晚餐。

相夫教子成了奥黛丽生活中最重要的任务，她的大儿子肖恩进入罗马一流的法语公立学校学习，成绩一直是奥黛丽的自豪。那段时间欧洲的绑架事件依然让她非常担心，为此甚至给儿子雇了保镖。不过，她万万没想到的是，绑架事件没有发生在自己的两个儿子身上，而是发生在了她的丈夫安德烈身上。

那天，几个从汽车里冲出来的蒙面人奔向安德烈，企图把他塞进汽车里。安德烈拼命挣扎，终于挣脱并逃跑了。万幸的是，那伙人没有带武器，否则后果不堪设想。这让奥黛丽后怕不已，对绑架事件更加担忧了。

在奥黛丽息影的那些年，片约依然常常飞到她手中，不过都被她委婉谢绝了，有时候还会给制片公司推荐一些演员。她很少公开露面，只有在 1971 年联合国儿童基金会的电视特别节目里露了一面。另外还为东京假发公司录制了 4 个 1 分钟的广告，因为她在日本有着相当高的声望，很多日本人把她当成最崇拜的偶像。

媒体总是猜测着奥黛丽会不会重操旧业。其实对于奥黛丽来说，演艺是她最爱的事业，没有人可以长久地忍受空虚度日、无所事事的生活。面对纷至沓来的片约，奥黛丽渐渐动心了。当她收到电影《四十克拉》的片约时，便真的想重返影坛了。但是制片人不愿在罗马拍摄，奥黛丽又不想离开自己的丈夫和孩子，最终没能拍成此片。

其实在奥黛丽离开影坛的这些年，电影已经发生了重大的变化。因为电视闯入了人们的生活，很多人将对电影的热情转移到了电视上。

在奥黛丽走红的时候，罗曼蒂克的情愫正是电影里所需要的，但是在20世纪70年代，这种情调已经过时，表现色情、暴力的场面成了电影界的新宠。

最重要的是，迷恋奥黛丽的那一代影迷已经老去，活跃在电影院里的观众已经是新的一代人。他们喜欢的风格和老一辈大不相同。所以，奥黛丽的影坛复出注定不会取得像《罗马假日》那样的成功。

不过，奥黛丽的名气很容易引起巨大的轰动效应。

70年代中期，当奥黛丽接到《罗宾汉和玛莉安》的片约时，她决定复出。这是由著名剧作家詹姆斯·戈德曼创作的，由理查德·莱斯特执导。

那时候肖恩已经14岁，卢卡5岁。两个孩子或许是因为母亲的原因，都对电影格外钟爱。理查德曾经导演过一部叫作《劳碌日之夜》的电影，肖恩非常喜欢这部电影，也因此非常喜欢理查德导演。

电影《劳碌日之夜》是由当时最负盛名的"甲壳虫"乐队的几位年轻音乐家演的。在当时，"甲壳虫"乐队风靡整个西方世界，很多人都为那四个年轻的音乐家痴迷不已，肖恩也不例外。听说母亲接到了理查德导演的《罗宾汉和玛莉安》，他非常激动地鼓励母亲参演。

奥黛丽的小儿子卢卡非常喜欢著名影星肖恩·康纳利，正巧，将要饰演罗宾汉，和奥黛丽演对手戏的男演员正是他，所以，卢卡也非常支持妈妈参演。

这是一部关于中古传说的故事。罗宾汉和玛莉安是一对非常相爱的恋人，他们的故事和《罗密欧与朱丽叶》的故事颇为相似。剧本中渗透着一种罗曼蒂克的情愫，很符合奥黛丽的电影风格。而且，剧本中的情节和奥黛丽的生活也有一些相似的地方，比如玛莉安想逃离现实世界到一个理想的地方去隐居，剧作家甚至觉得奥黛丽和玛莉安简直就是一个人。

奥黛丽很喜欢这个剧本，不仅因为哀婉动人的故事，更因为这个剧本让她产生了强烈的共鸣。它没有像当时的流行电影那样用色情与暴力来吸引观众的眼球，而是从现实角度出发，让每一个人都能在这部片子中看见自己的影子。剧中的主人公是中年人，这个年龄也正符合奥黛丽，她几乎可以不用任何修饰就开始电影的拍摄，因为她仿佛就是玛莉安。

不过，这部片子要在西班牙的潘普洛纳拍摄。为此，奥黛丽不得不带着小儿子卢卡、卢卡的保姆和她的理发师兼化妆师奔赴西班牙。

此时距离奥黛丽宣布息影已经7年。在这7年的时间里，电影制片业已经有了很大的改变。这些日新月异的变化一下子向奥黛丽袭来，让已经过惯了隐者生活的她有些措手不及。但是，奥黛丽有很强的自制力与适应力，经过努力，她很快就适应了这些变化。

这一次拍摄电影，她没有休息饮茶的时间，没有随员，厂方也没有派人保护她。"绑架案"的阴影时不时浮现在她的脑海，对于缺乏安全感的她来说，这是一个新的挑战。

理查德导演是个精明强干的人，工作效率非常高，这也就要求所有的工作人员必须有很高的工作效率。他像个陀螺般不停地忙碌着。他没有时间去过问明星的身体状况、适应情况等个人问题，他的世界里除了工作还是工作。

紧张的作息时间让奥黛丽有些难以承受，即便她能在心理上克服面临的问题，但是身体却不能承受。工作环境很简陋，而且奥黛丽很瘦，仅仅几天的工夫，她就明显老了许多。离开家的时候，她的肌肤还像少女那样娇嫩，可是到西班牙没几天，就变得粗糙了。

奥黛丽开始靠喝啤酒来增加体重。然而，她的新陈代谢过于旺盛，一点体重也没有增加。繁重的工作加上恶劣的环境，使她很快就病倒了。她患了痢疾，不得不服用各种药品来抵抗疾病。

平时，同事们常常会在酒吧里聚会，但是奥黛丽从来不参加。每逢周末，她就飞回罗马和家人团聚。

《罗宾汉和玛莉安》首映式在纽约举行。奥黛丽对自己有些不自信，她担心过了这么久，人们早已忘记了她，害怕人们不接受她，毕竟，她已经不再是那个年轻的少女了。

在首映式之前，奥黛丽接受邀请先去了好莱坞，在美国电影学院表彰威廉·惠勒接受终身荣誉奖的仪式上发言。她还朗诵了一首自己写的诗，人们对她报以热烈的掌声。她依然那么受欢迎，这让奥黛丽又惊又喜，对首映式也渐渐充满了信心。

之后，奥黛丽飞到纽约的光比城市音乐厅参加首映式。奥黛丽刚刚出现在观众面前，6000多人就对她开始了热烈的欢呼，并用唱歌的声调齐唱道："我们爱你，奥黛丽！"

这样壮大、热烈的场面让奥黛丽有些受宠若惊，群众的热情让她感动得流下眼泪。

其实，奥黛丽重返影坛还有一个重要的原因，那就是丈夫安德烈的习惯性出轨。多年来，他的名字常常和别的女人的名字一起出现在报纸的头条上，这让奥黛丽承受了巨大的心灵创伤。

"离婚"这个可怕的字眼，再一次出现在奥黛丽的生活中。更让她难过的是，她又一次经历了流产。

婚姻上的不幸，让奥黛丽更希望能以忙碌的方式转移注意力，忘记心上的痛。20 世纪 70 年代后期是奥黛丽一生中最压抑、单调、痛苦的时候，唯一的安慰是两个孩子的成绩都非常好，而且都非常懂事。

继《罗宾汉和玛莉安》之后，奥黛丽又接受了老朋友特伦斯·杨的片约——《血统》。

这个剧本的风格是与奥黛丽的影片风格完全相反的，其中有很多关于暴力和色情的描写——当然，这也是为了迎合当时电影观众的口味。因为特伦斯·杨的一再劝说，奥黛丽才最终接受了这个片约。他付给奥黛丽的片酬是一百万美元，另外加上电影的利润。尽管奥黛丽隐退多年，但是她的名字依然有着强大的号召力，特伦斯·杨相信这个名字会给自己带来巨大的利润。

奥黛丽的要求是尽可能多地在罗马拍片，一是因为自己的家在那里，二是她也的确觉得外景选在罗马是很合适的。至于去慕尼黑和纽约拍摄的部分，她希望不要太久，只能有几天的时间。

饰演该电影男主角的本·加萨拉是美籍意大利人，外形俊美，风流倜傥。他出生在一个贫困的西西里移民工人之家，曾经靠着拳头才在街头的野孩子堆里生存下来。长大后的他进入了影视业，1957 年一部

《陌生人》让他很快红了起来。在他和奥黛丽演对手戏的时候，刚刚和妻子离婚。

奥黛丽对意大利人很有好感，婚姻上的裂痕也迫使她向朋友靠近。与加萨拉结识后，两个人很快成为了亲密好友。关于他们的关系，很多人认为超越了友情。

为了分散公众对他们这段关系的注意，影片发行人还特意杜撰了一段奥黛丽与波格丹诺维奇的风流韵事。这纯粹就是子虚乌有的事情，波格丹诺维奇虽然非常崇拜奥黛丽，但是两个人绝没有过恋爱关系，奥黛丽为此非常气愤。

1989 年，奥黛丽拍了人生中的最后一部电影《直到永远》。影片是关于一段唯美爱情的故事。彼得是一个喜欢寻找刺激并以救火为乐的飞行员，在一次行动中不幸牺牲。但是他却以守护天使的身份回到女友的身边，并帮助她展开新的生活。

在这部片子里，奥黛丽饰演一个一身白衣的天使，那样雍容高贵的形象为她的演艺生涯画上了一个圆满的句号。从公主到天使，她一生仅留下 25 部电影。不过因为她对自己近乎苛刻的要求，这 25 部电影每一部都堪称经典。

《直到永远》的导演史蒂芬·斯皮尔伯格（Steven Spielberg）从小就非常迷恋奥黛丽，小时候还因为跑到立桑纳凤凰城的露天电影院看奥黛丽主演的《甜姐儿》而被父母抓回家痛骂了一顿。没想到多年后，他导演了奥黛丽人生中的最后一部电影。

影片中，我们能看到两种出现最多、最显眼的颜色：森林里炽热的火红色和飞机飞上天空后身后清澈的天蓝色。一个是火海，一个是蓝天，就像是两个不同的世界，承载着一份沉重的爱情。

"直到永远"这个名字，仿佛是对奥黛丽一生演艺生涯的总结。她留给世界的这笔宝贵财富将会直到永远，"奥黛丽·赫本"这个名字同样会直到永远。

时光尽头的温暖守候

婚姻是奥黛丽一生中最大的创痛。安德烈频繁的出轨以及报纸上那些添油加醋的报道，给了奥黛丽沉重的打击。离婚，已经成为必然。

在与安德烈生活的后期，奥黛丽和安德烈一直处于分居的状态。之所以迟迟没有办理离婚手续，主要是因为奥黛丽害怕拿不到小儿子卢卡的抚养权。对于她来说，孩子就像自己的另一半生命。

奥黛丽已经意识到这场婚姻的结局了。这一次，她没有像和梅尔离婚时那样痛苦，或许是第一次的伤刺得太深，第二次便已经能坚强地接受了。

她的朋友们也对这件事非常着急。他们觉得，奥黛丽应该再结婚，便开始给她物色合适的人选。奥黛丽也是这么想的，所以对于朋友们的帮助，她很感激。

1980 年，她的一位至交好友康妮·瓦尔德给她介绍了一个男友，英俊潇洒的演员罗伯特·沃特斯。那时他的妻子即好莱坞明星曼尔·奥伯朗刚刚去世，整个人还沉浸在对亡妻的怀念与沉痛中。他是那样深爱着妻子，她的去世给了他很大的打击。他的妻子生前曾叮嘱他，在她去世后一定要再找一个能配得上他的女人结婚。

奥黛丽和曼尔·奥伯朗有很多相似的地方。她们都是好莱坞著名影星，都富有修养又博学多才。而且在长相上也颇为相似：身材瘦长，而且长着高颧骨、吊眼梢。她们都是感情细腻的人，让人一见到就会生出一种想要奋不顾身地去保护的感觉。所以一见到奥黛丽，罗伯特就被她深深地吸引了。只是他心里总有些负罪感，毕竟妻子刚刚去世，马上又被别的女人吸引似乎有些不近人情。

婚姻的痛苦如同一潭泥沼，奥黛丽对婚姻几乎绝望。两次婚姻，给了她两次刻骨铭心的伤害。不过，她内心里依然希望能有一个知心、体贴的伴侣，陪她走过以后的人生。只不过，这样的奢望只是偶尔想一想罢了，她被巨大的痛苦和孤独吞噬着。

但是，罗伯特的出现，让她的心扉渐渐重新开启。

奥黛丽和罗伯特的共同点也在拉近两个人的距离。他们都是荷兰人，都经历过童年时代的战争，也都很看重感情。相互了解之后，两个人对彼此都很有好感。虽然他们不常见面，但是经常通过电话谈心。奥黛丽所需要的，正是这样一个温柔的怀抱，一个可以认真听她倾诉的人。

她常常在电话里谈起自己婚姻的破裂（很多时候，奥黛丽对这个问题一直讳莫如深，轻易不会对别人讲起，除非是非常信任的人），她还告诉罗伯特她的大儿子肖恩在《他们都笑了》剧中当助手。电话的另一端，罗伯特能感觉到奥黛丽作为一个母亲的自豪。不过说到小儿子的时候，她感到很担心，她害怕婚姻的破裂会影响到这个孩子。童年时代失去父亲的痛苦一直深深地烙在奥黛丽的心里，她曾经多次发誓，决不让同样的痛苦发生在自己的孩子身上，却总是事与愿违。

《他们都笑了》拍摄完之后，奥黛丽回到了罗马，罗伯特则去了托罗青内茨。两个人依然保持着联系，小小的电话里，总是藏着大大的温暖。

思念就像潺潺的溪流般浸湿了两个人的心。尽管他们内心都非常渴望见面，但是在电话里聊起来，却总是装成若无其事的样子。一段温暖的爱情，让两颗历经了世事沧桑的心渐渐靠拢。

罗伯特还是会常常想起亡妻。他认真地考虑过这段感情，也真心希望能和奥黛丽一起度过余生。不过，他不知道孩子们对奥黛丽的态度怎样，也不知道奥黛丽的两个儿子能否接受自己。而且，他曾帮助亡妻曼尔·奥伯朗与其前夫——一个叫做鲁诺·帕格里的意大利人解除婚姻关系，为此，帕格里对他一直记恨着。奥黛丽的丈夫同样是个意大利人，他不太愿意再次成为一个意大利人怨恨的对象。

在罗伯特身上，奥黛丽感受到了一种作为妻子的温暖。她对罗伯特的感情与日俱增。无论梅尔，还是安德烈，他们都是骄纵的，很多时候奥黛丽所做的是服从，像一只温顺的小猫一样依偎在他们的怀抱里。尽管这样她可以受到保护，但是很多时候也让她的自由受到限制。而罗伯特让她感受到了一种被尊重、理解的温暖，那种温柔让她陶醉，让她迷恋。

她幸福地对别人说："我非常爱罗伯特，那并不是罗密欧与朱丽叶式的浪漫爱情。我们偶尔也有争吵，但是我们都非常耐心，不会冲动。存在于我们中间的是亲密的友谊。如果友谊和爱情足够强烈的话，我的名声就不会成为我们的障碍，我们就能够克服。"

1981 年，罗伯特终于迈出了大胆的一步——住进了奥黛丽在瑞士的家。

或许是因为两次失败婚姻留下的阴影，这一次奥黛丽没有用婚姻来束缚这段爱情。婚姻与爱情往往没有多大关系，如果婚姻里没有了爱情，那一纸婚书也只是一张苍白无力的纸，但是如果爱得深沉热烈，即便没有婚书，依然可以履行白头偕老的诺言。为此，奥黛丽曾说："我们不结婚并没有特殊原因。只是觉得这种状态很开心。"

这样不结婚的状态也让奥黛丽觉得很浪漫："为什么要为此烦恼呢？这样不好吗？这个想法不是更加浪漫吗？我们在一起是出于自愿，而不是迫于婚姻，因此结婚与否还是有区别的。我觉得这个区别很有道理。"

1981 年和 1982 年对于奥黛丽来说还是比较轻松的。上一次婚姻破裂的痛苦已经渐渐消散，与罗伯特迟来的爱情让她又回到了多年前的那个美丽公主的样子。她经常去旅游，有时候是自己，有时候是和罗伯特一起。

奥黛丽最喜欢的地方是日本。那也是最欢迎她、最喜爱她的国度，一部《罗马假日》让她成了日本人心目中永恒的安妮公主。即便年华已经老去，她依然是日本人的偶像。

在奥黛丽离开家去旅游的时候，罗伯特便代她照顾她的母亲艾拉。那时候艾拉已经身染重病，这个把女儿一手栽培成好莱坞巨星的女人，对奥黛丽的两次婚姻都不满意，只有罗伯特是她认同的。人们常常看到这样一幅温馨的画面：罗伯特用轮椅推着上了年纪的艾拉走来走去，暖暖的阳光印在老人的脸上，沧桑岁月在她的脸上留下了一条条沟壑，每一道印记里，都刻着一段故事。

1983年，那场被拖延了太久的早已千疮百孔的婚姻终于走到了尽头，因为安德烈要和女演员克里斯蒂娜·博吉结婚了。父母离婚，受到伤害最大的是孩子。

奥黛丽的大儿子肖恩对罗伯特很友好，但是小儿子卢卡却很讨厌他。卢卡不想要继父，更不愿意要继母。他只是天真地希望父母能在一起，但这只是一个孩子的幼稚想法。因为奥黛丽的坚持，卢卡最终和母亲在一起生活，安德烈对他有监护权，可以随时去探望他。但是，这对于罗伯特来说可不是什么愉快的事情。

离婚后，奥黛丽与罗伯特一直没有正式结婚，不过，幸福从来没有改变过。罗伯特陪着奥黛丽走完了以后的岁月，真正做到了"执子之手，与子偕老"。奥黛丽曾经欣慰地对朋友讲起罗伯特："我已经找到精神上的双胞胎，愿意与此人共度一生。"

将至暮年，奥黛丽才终于找到那个可以白头偕老的人。她说："我花了好长时间才找到像他这样的人，但是相见恨晚总比永不相见好。如果我在 18 岁的时候遇见他，我一定不会喜欢上他。也许每个人都会有这样的感觉。"

每个人都能看出奥黛丽和罗伯特在一起是非常幸福的。伊娃·嘉宝说："罗伯特让奥黛丽特别开心。我和奥黛丽在选择爱人方面都很失败，很多男演员也有同样的问题，因为我们没有时间做出选择。但是罗伯特非常优秀，他受欧洲文化熏陶，极具修养，温文尔雅，从各个方面讲都是一个真正的绅士。"

朋友们为奥黛丽终于找到了真正的归宿而高兴。记得有人说过，在你遇到那个正确的人之前，总会邂逅很多错误的人。漫漫人生路，只有当千帆过尽时，你才能找到真正属于自己的那个人。

Doing good is not only paying, but self redemption

第十章

行善不只是付出，也是
自我救赎

_ 去世界上最贫瘠的地方

奥黛丽曾说过："如果你在任何时候需要一只手来帮助你，你可以在自己每条手臂的末端找到它。随着你的成长，你会发现你有两只手，一只用来帮助自己，另一只用来帮助别人。"

善良就像一颗美丽的宝石，在奥黛丽的心上格外晶亮。她总是时刻准备着去帮助别人，对每一个人，都是真诚善良的。

奥黛丽从小就非常喜欢孩子。童年时代的她，有一次看见婴儿车里有一个非常可爱的孩子，便试图抱起来，结果被孩子的家长和她的母亲艾拉看见，一时让艾拉很尴尬。后来，已经成为两个孩子的母亲的奥黛丽说："我生命中的梦想之一就是拥有自己的孩子，我现在拥有两个出色的儿子，这让我很幸福。人们不仅有被爱的需要，同时也有付出爱的冲动，这也是一种需要。"

与罗伯特在一起后，她的身体已经不允许她再生育，她便将爱心投放到别人的孩子身上。能让那些天真的面庞写满笑容，那是奥黛丽最开心的事情。而且，罗伯特和她一样富有爱心。也正是这个富有爱心的男人，陪她走完了生命里最后 12 个春秋。

　　罗伯特向奥黛丽介绍了联合国儿童基金会的宗旨和工作。这个名称对于奥黛丽来说并不陌生，早在她刚刚经历了"二战"的硝烟后，她就和很多处在饥饿状态中的孩子收到了联合国儿童基金会送来的温暖。

　　仿佛是一种命运的际遇，奥黛丽的生命再次出现了一个转折——从"好莱坞女神"转变为"爱的天使"。

　　1987 年 10 月，奥黛丽和罗伯特应她的表哥——前荷兰驻葡萄牙大使范乌弗尔德的邀请，前往中国澳门参加了一个为联合国儿童基金会募捐的音乐会。

　　在音乐会之前的庆典上，奥黛丽做了一场声情并茂的演讲。她那发自肺腑的爱深深地感染了在场的每一位观众，更感动了当时联合国儿童基金会的高级总裁詹姆斯·格兰特。格兰特马上向奥黛丽发出邀请，希望她能够担任联合国儿童基金会的亲善大使。

　　奥黛丽简直就是一个爱的天使，如果让她来担任这个职务，那是再合适不过了。深爱孩子的奥黛丽接受了这份邀请，并从格兰特先生那领取了象征性的一美元薪水。

　　这是一个富有挑战性的任务，但是，奥黛丽非常愿意接受它。在她的童年时代，联合国儿童基金会就曾给予过她帮助，现在，能够成为联合国儿童基金会中的一员并将这份爱心传递下去，即使前途充满着艰难与挑战，她也愿意前行。

人们迷恋奥黛丽美丽的容貌和迷人的身材，但是，她的内心要比容貌更加美丽。她从来没有把金钱看得多重要，当她成为一个富人以后，便开始努力去帮助别人。她在 1988 年 3 月说："世界本来就是不公平的。但是世界只有一个，它正变得越来越小，人们之间的接触也不得不越来越频繁。我们生活在这样的环境中，那些富有的人就有义务、有责任去帮助那些一无所有的人。"

1988 年 4 月，奥黛丽开始了她作为亲善大使后的第一次访问，第一站就是非洲的埃塞俄比亚。在那里，她看到了因为饥饿和营养不良而导致头大身小、瘦得皮包骨的孩子。很多孩子甚至因为一些发烧感冒等小小疾病无法得到救治而死去，无奈与痛苦，弥漫在那些可怜的孩子之间。

埃塞俄比亚是世界上最贫穷的国家之一，在这个国家的经历让奥黛丽柔软的心受到了极大的震撼。坐在副驾驶上，看着车窗外荒凉的一幕幕，奥黛丽一直沉默不语。然而她的心里，早已翻江倒海。在这个世界上，有人因为营养过剩而拼命减肥，也有人因为饥饿而晕倒甚至死去；有人因为食物太多而放到发霉就直接扔掉，也有人因为没有食物只能落个水饱；有人可以为了一件名牌衣服不惜天价买下来，却不知道那一件衣服足够一个穷人吃上一辈子……

埃塞俄比亚所面临的问题令奥黛丽忧心不已。要想解决那里的问题并不容易，因为涉及很多政治因素。不过令她欣慰的是，美国政府增加了对埃塞俄比亚的经济援助。

在一个难民营里，奥黛丽看到一个小女孩孤独地站立在一旁，她走过去问那个小孩："你长大后想做什么？"小女孩非常简单地回答道："活下来。"

小女孩的回答深深地触动了奥黛丽。在那段时间，"捐助疲劳症"成了很多人道主义者的口头禅。他们的同情心非常淡薄，只是象征性地拿出一点钱，不愿意为那些可怜的儿童考虑更多。这让目睹了贫困儿童惨状的奥黛丽着急又气愤，她多次在联合国的会议上高呼："捐助疲劳实际上就是同情疲劳，对于今天那些在发展中国家受苦的人来说毫无帮助。没有什么比一个母亲眼睁睁看着自己的孩子死去却无可奈何更悲惨的事情了。"

怎样帮助孩子成了奥黛丽最关心的问题。在那段时间，她的全部心思都放在了孩子身上。她的儿子肖恩回忆说："在那段日子里母亲心中都是那些遭受苦难的孩子，每次见面她对我们的关注往往只是最初的几秒，然后话题就转移到如何帮助那些孩子们上面。"

奥黛丽的脚步几乎遍布了全世界每一寸贫穷的土地。她曾经为了自己的孩子心甘情愿地做一个家庭主妇，但是当自己的孩子渐渐长大，她又心甘情愿地为了那些可怜的孩子游走四方。

爱是不分国籍、民族与肤色的，它是人类最原始的感情之一，也是全人类通用的一种语言，每一个人都能读懂它，都能表达它。那些可怜的孩子让奥黛丽心痛，"联合国儿童基金会的宗旨是让所有孩子免受饥渴、疾病、虐待和死亡。但是现在我们却在与一个更加可怕的威胁进行斗争——人类性格中的阴暗面：自私、贪婪、侵略污染了我们的天空，干涸了海洋，破坏了森林，灭绝了成千上万的美丽生灵。难道下一个攻击对象就是孩子吗？"

战争是奥黛丽最为憎恨的。童年时代的战争给她留下了终生的阴影，父亲的出走，也和战争有关。当她被问到联合国和儿童基金会遇到的最大困难是什么时，她毫不犹豫地回答道："战争。发达国家每年在购买武器上花掉 1500 亿美元。"

奥黛丽的努力唤醒了很多人的良知，也让联合国儿童基金会得到了更加广泛的支持，基金会募集基金的工作进展得很顺利。在这段时间，联合国儿童基金会的美国委员会筹得的基金增长了一倍。在访问各个贫穷国家的时候，奥黛丽也将无私的爱心洒向了整个世界。

奥黛丽的爱心是发自灵魂深处的，她是真心地爱着这份工作，她的儿子肖恩也不由得感慨："母亲是最合适的社会工作者。"

1992 年，奥黛丽得到了美国公民的最高荣誉——总统自由奖。她的爱心感动了千千万万的人，包括她的影迷，更包括每一个富有爱心的人。

_索马里不相信眼泪

1992 年，奥黛丽访问了索马里——非洲又一个极其贫穷的地方。这也是奥黛丽在联合国儿童基金会工作时访问的最后一个国家，同时也是最重要的一个。

那时候，索马里正处于最混乱的状态。为了这次访问，奥黛丽和罗伯特花了差不多一年的时间来准备并筹措资金。在她询问如何办理索马里的签证时，得到的竟是这样的答案："到那里不需要签证，因为那里根本没有政府。你只需要乘飞机飞过去，同时祈祷自己乘坐的飞机不会被击落就可以了。"

这简直是骇人听闻！然而这又是真切的事实！我们能够想象当时的索马里处在怎样混乱的局面之下。在那里，战争就像"二战"时期那样恐怖，血腥野蛮的屠杀依然存在着。在那里，有成千上万的人徘徊在死亡的边缘，他们一面面临着饥饿的威胁，一面又饱受战乱的折磨。

在奥黛丽访问索马里以后，国际社会曾采取了一些迟来的措施试图制止那里的屠杀行为，然而这只是杯水车薪。野蛮的屠杀成了刽子手的一种乐趣，人类的邪恶如同一颗毒瘤荼毒着那些被残杀的人，同时也悄无声息地荼毒着自己。

在索马里的访问，让奥黛丽心中关于社会不公正的愤恨以及对那些挣扎在死亡边缘的孩子们的感情达到了顶点。在一次接受采访的时候，奥黛丽忍不住说道："我心中充满了对于人类自己的仇恨。"

奥黛丽一直非常憎恶战争。"二战"结束后，她听人们说过，这一切不会再发生了。然而，时隔多年，战火却依然肆虐着。世界上曾发出过忏悔的声音，然而类似的惨案却依然层出不穷。

奥黛丽觉得和平也应该成为人们好好学习的一门学科。"我们经常研究战争，甚至在大学里还有专门教授战争知识的学科，如果也有一个地方可以教我们如何去创造、保持和平，那该是多么美好的一件事情—— 一所教授和平的大学。"

那时候有一种荒谬的论调：那些贫穷的国家发展缓慢是因为殖民统治的退出。奥黛丽对这种论调给予了严厉的驳斥："首先获得自由，然后再发展自己。"那些非洲国家虽然已经获得了自由，只是长期的殖民统治给它们留下了深深的伤痕。而且，教育始终是他们最大的问题。在被殖民者统治的时候，这些非洲国家基本得不到什么教育，即便得到了，也是洗脑式的愚化教育。而且，殖民者在这些地方留下的基础设施几乎都是临时性的。除了首都，在其他地方便找不到医院、学校等基础设施，甚至连路也没有。

教育是一个民族的灵魂，如果没有教育，就谈不上发展。非洲国家的教育要远远落后于世界平均水平，奥黛丽觉得："像越南、古巴这样的国家，受教育人口的比率甚至超过美国，也有基础设施。他们自己可以拯救自己。"但是非洲不同，在非洲的很多地方，从小到老一个字也不认识的人是很常见的。孩子们不仅是没有钱去上学的问题，即便有钱，在自己家的附近也不一定就有学校。

每一次接受采访或者发表演讲，奥黛丽的第一句话常常是这样的："还有什么比孩子更重要？"那是她发自内心的，所有的感情和对孩子的深爱都融化在这简单而深刻的话语中。

"他们的孩子死于饥饿，我们的孩子忙着减肥，这就是我们的世界吗？"巨大的贫富差距是和谐世界的一个噩梦。奥黛丽试图减小这种差距，她的呼吁使那些可怜的儿童受到了广泛的关注。

索马里的一个小女孩给奥黛丽留下了深刻的印象。那是在吉斯迈乌——到达索马里后访问的第一个救助营，她看见一个双目失明的小女孩沿着救助营边缘的篱笆摸索着寻找前进的道路，身上穿着一件破烂不堪的蓝色衣服，一大群苍蝇和不知名的昆虫围着她飞来飞去。奥黛丽非常震惊，试图去安慰她，帮助她找到想要走的路。然而那一瞬间，小女孩脸上的微笑却消失了，取而代之的是拒人于千里之外的冷漠。长时间的苦难与孤独，已经让她习惯了一个人面对所有困难，当有人靠近她的时候，她会本能地以为那是一种侵袭。她仿佛被这个世界遗弃了，像一只小小的蜗牛一样在自己的黑暗角落努力生存着。

——难民营中的孩子

那个失明的小女孩让奥黛丽的情绪低落了很久。然而，这仅仅是一个代表而已，索马里的每一个孩子都面临着不同的困难。她忍不住为他们心痛，落泪。在洛杉矶，她告诉大儿子肖恩，她在上百万索马里儿童的脸上看不到任何对未来的憧憬和幻想，只能看到他们对食物的渴望。那也是她最担心的，孩子本来应该是充满希望和活力的，对未来有着美好的憧憬。但是生活的苦难，却让那些索马里孩子过早地尝尽了苦头，以至于他们小小年纪就把生活过成了一种煎熬，而不是享受。所谓梦想，更是无从谈起。

在那几年，奥黛丽总是向身边的人讲起她在那些贫困国家的所见所闻。她用一颗博爱的心感动着非洲国家的贫苦儿童，更感动着整个世界。她在美国国会的演讲感动了国会议员，后来，美国政府追加了6000万美元的援助。不过，奥黛丽从来不会邀功，总是把别人的形象讲述成非常善良伟大的样子，以至于罗伯特总是忍不住进行补充。

奥黛丽非常喜欢这份工作，然而紧张的工作却让她几乎没有时间享受生活。她的两个孩子多么希望母亲能停下来休息一下，然而这样微小的愿望并不容易实现。在索马里的时候，她还被一种不知名的小虫咬伤过。

繁重的工作让奥黛丽越来越疲惫、憔悴。她感觉到了身体的抗争，毕竟，她已经是一个年逾花甲的老人。她常常会感到一阵阵的腹痛，撕心裂肺，如同被烈火灼烧一般。只是繁忙的工作让她无暇顾及自己的病痛，不管多疲惫、多辛苦，她总牵挂着那些贫苦的儿童。

1992年，奥黛丽在联合国儿童基金会的工作已经进入了第五个年头，工作更加繁重，日程表总是排得满满的。但是不管多么繁忙，罗伯特都一直陪在她的身边，给了她最温暖的爱情，默默地关怀着她，守护着她。虽然基金会为他们提供了所有的机票，但是因为他们要去的很多都是发展中国家，没有直达航班，所以两个人不得不多次在航程中转机。

很多时候，他们刚从发展中国家回来，马上又要到发达国家去做宣传报道。在接受采访的时候，奥黛丽会向人们讲述她在那些贫苦国家看到的种种惨状，鼓励人们参加联合国儿童基金会的募捐活动。那几年里，他们的生活中仿佛只剩下每天马不停蹄地奔走、忙碌。

这样忙碌的生活对奥黛丽的健康状况有很大的影响。然而，为了那些贫苦的孩子，奥黛丽乐此不疲。有一次，她遇到了这样一个问题："很多不幸事实上都是由当地的政府与反对派武装之间的常年争战造成的，而这些政治层面上的问题依靠联合国儿童基金会是不可能解决的，既然如此，为何还要不遗余力地为此奔走呢？"

类似的问题也有很多，奥黛丽总是这样回答："这好比你坐在自家的客厅里，突然听见街上传来一声恐怖的尖叫，随后是汽车猛烈的撞击声，你的心脏仿佛都受到了强烈的冲击，你从椅子上跳起来，跑到街上，发现一个孩子被车撞了，倒在血泊中。这时候你不会停下来去考虑到底是谁错了，是司机的车开得太快，还是孩子突然冲上马路追逐他的皮球。这时候你应该做的就是抱起孩子，赶紧送他去医院。"

如果每个人都能伸出一双温暖的手，这个世界将是最美好的人间。奥黛丽果然是人间的天使，无论在银幕上留下的美丽形象，还是在现实中展现的真诚与善良，都给我们留下了深刻的印象。她是最美的天使，从内到外，无与伦比的美。

为流浪儿童说话

担任了联合国儿童基金会的亲善大使并目睹了那些在死亡线上挣扎的可怜儿童后，奥黛丽的心中总是浮现那些濒死儿童的悲惨画面。她常常情不自禁地向身边的人讲起自己的所见所闻，那是源自于心中最无私的爱，一种母性的爱，一种仁善的爱，一种伟大的爱。

在孟加拉的时候，奥黛丽看见远离人群的地方有一个小女孩，独自一个人站在一棵椰子树下。奥黛丽轻轻地走过去，蹲下身子问她："你为什么不加入他们的队伍呢？"然后，她抱起这个孩子，震惊地发现，这个孩子的双腿已经因为小儿麻痹症而残废了，无力地向下垂着。奥黛丽抱着这个孩子回到人群中，眼睛里已经蓄满了晶莹的泪珠。

在每一个贫困的国度，奥黛丽都会遇见不同情况的可怜孩子。那些孩子里有很多都是孤儿，没有家，没有亲人，甚至连吃的、穿的都没有。

1989 年 6 月 13 日，奥黛丽在日内瓦向联合国工作人员进行了一次演讲。这场声情并茂、催人泪下的演讲，打动了在场的每一个人。她想起自己在成为亲善大使之前，看到电视或者报纸上关于那些发展中国家的母亲与儿童遭遇的令人难以置信的悲剧，她总是感到无限的绝望和无助。那时候，她还不知道怎么做才能帮助那些可怜的孩子，但是，联合国儿童基金会让她找到了一条帮助贫苦儿童的路子。所以，只要是与这项工作有关的任何事情，她都会努力做到尽善尽美。

现在的她已经不会像以前那样为可怜儿童的悲惨遭遇而感到无助了。因为她知道，联合国儿童基金会和另外的一些组织、机构、教会、政府等都在努力帮助他们。她也呼吁更多的组织伸出援手，只要拿出小小的一部分力量，就能让那些挣扎在死亡线上的孩子存活下来。她在演讲中说："拿出不到世界经济 0.5% 的力量，就足以根除地球上最贫穷的情况，使这些人们在今后十年获得基本的生存需求。换句话说，人类的资源不存在不充足的问题，不充足的是人们的意愿。"

站在那些贫苦的儿童面前，奥黛丽宛如每一个孩子共同的母亲。事实上，她也的确是以一个母亲的姿态出现在他们面前的。孩子们不知道他们眼前的是一位好莱坞巨星，甚至不懂得什么叫作"好莱坞"，他们更不会知道，眼前的这个慈爱的女人有过多么辉煌的历史，他们只知道，和她在一起的那一刻，就像是和自己的母亲在一起。奥黛丽深爱着孩子们，而孩子们也同样深爱着她。

她曾经是公主，但是此时，她是母亲。

在那些贫苦地区，医疗技术水平往往非常落后，甚至根本没有医院，孩子常常因为一点小病就死掉。而活下来的孩子，也大多营养不良，很多孩子因为缺乏维生素 A 而使眼角膜受损甚至失明，严重的在几周之内可能就会死去。在印度尼西亚、孟加拉国、印度、菲律宾和埃塞俄比亚等国每年因此发病的人数多达 50 万人。

除了营养不良，孩子们面临的疾病还有很多很多。加上战争、自然灾害等情况，致使全世界"每天都有 4 万名儿童失去生命，每周死亡儿童的人数是 28 万名"。

这样的数字是令人震惊的。导致儿童死亡的重要原因是一些悄悄蔓延着的疾病，如骨髓灰质炎、破伤风、结核病、麻疹等。奥黛丽曾目睹过那些患病的儿童，原本应该天真的笑脸，却被病痛折磨得憔悴不堪。奥黛丽还特意提到了痢疾引起的脱水症，这也是儿童中最恐怖的一种病。这种疾病常常是由饮用不卫生的水和营养不良而引起的。不过，这些疾病是可以预防的，"给一个儿童进行预防接种只需要 5 美元，防治脱水症只需要 6 美分，每年花费 84 美分就可以防止儿童失明"。

联合国儿童基金会要做的，不仅是在经济上援助那些需要帮助的孩子，更要教他们学会摆脱贫困的方法。

奥黛丽在演讲中强调："联合国儿童基金会的工作是为了儿童，而不是为了国际经济。"儿童是基金会的核心，这是一个无关国界、种族、肤色、宗教信仰等的问题，每一个儿童都是平等的，他们享有共同的权利，在同一片蓝天下，他们应该同样幸福、快乐地成长起来。

人口过快增长也是影响贫困问题解决的重要因素。要想解决人口过剩的问题，应该依靠计划生育和生育间隔的方式，而不是依靠人们非正常地死去。"中国、印度尼西亚、泰国和墨西哥已经证明，通过在公共健康、教育和计划生育方面的努力，可以降低人口增长速度。"奥黛丽列举了几个通过国家政策成功降低人口增长速度的国家，用他们成功的经验来激励更多的依然面临人口过剩问题的国家。

"今天我是为那些不能为他们自己要求什么的儿童们说话：我为因为缺乏维生素而失明的儿童们、为正在被骨髓灰质炎伤害的儿童们、为因为缺乏饮用水而日渐衰弱的儿童们说话；我为世界上大约一亿流浪儿童说话，他们为了生存被迫离开家庭，他们除了勇气、微笑和梦想之外一无所有；我为战争中被伤害的儿童说话，他们没有任何敌人，但是在战火中却永远最先受到伤害……"奥黛丽的演讲字字铿锵，每一句都是那样饱含深情。

在演讲的最后，奥黛丽说："只要我们在一起，没有什么不可能的。"这句简单的话让人们陷入了深深的沉思。只要大家在一起，万众一心，团结合作，便没有什么做不到的。如果每个人都能献出一份爱心，全世界的贫苦儿童便都能满足基本的生存之需，至少能填饱肚子，活下去。

The eternal Princess Anne

第十一章

人世间永远的安妮公主

_ 能不能从容说再见

在非洲的时候，奥黛丽就经常感觉到一阵阵的腹痛，只是繁忙的工作让她没有时间去做检查。她从来不愿意向别人抱怨自己的病痛，更不愿让自己的孩子担心。所以，肖恩和卢卡一直都不知道这件事。

只有时刻寸步不离的罗伯特对此非常了解。他曾经请瑞士的很多专家来检查过，但是每一次的结果都不相同。

1992 年 10 月，奥黛丽受邀前往洛杉矶参加一个纪录片的拍摄，她决定利用这次机会在美国接受一次彻底的检查。

肖恩去机场接母亲。看到母亲的状态他非常惊讶，她那么疲惫，神情也非常紧张。多年来，奥黛丽在乘坐飞机的时候一直选择经济舱，因为她觉得，在一个世界上还有很多人在忍饥挨饿的年代乘坐头等舱简直就是一种犯罪。这一次来洛杉矶，罗伯特知道她身体不好，便强烈要求订头等舱，最后奥黛丽难得地妥协了。

1992 年 11 月 1 日，奥黛丽在家人的陪同下在西奈山医院接受了腹腔镜检查。在候诊室里，她的丈夫罗伯特和两个儿子都在紧张而焦虑地等待着结果。两个小时后，他们终于得到了消息——那个让所有人都无比震惊的消息：医生在奥黛丽的腹腔内发现了癌细胞，并且癌细胞已经开始扩散！

医生推测，癌细胞可能最先在阑尾附近生成。但这也只是一种猜测，因为腹腔镜无法直接看到阑尾的位置。肖恩在为母亲所写的传记中沉痛地写道："我们对这个人体内已经退化的无用的器官所知甚少，但是它却杀死了我的母亲。在阑尾这个小小的器官里，是积攒了我们的肉体无法消化的食物，还是堆积了我们的灵魂无法弥补的创伤？"

候诊室里先是一片震惊，然后是巨大的悲痛。医生推测，奥黛丽早在五年前就已经患上了癌症，不过癌细胞繁殖得很慢。当他们发现的时候，奥黛丽体内的癌细胞已经开始扩散。这是最大的不幸。奥黛丽经常感觉到腹痛，也正是因为癌肿瘤压迫了她的回肠，导致食物不能通过而产生痉挛。

人们都说生老病死是人世间的常态，但是当你眼睁睁看着一个鲜活的生命即将离去，而又什么都做不了时，那种巨大的痛苦，真的会让人觉得比承受病痛的人还要难过。

奥黛丽先接受了一个手术——切除部分回肠。因为怕引起她的担心，医生和家人都没有告诉她病情的真相。但是，敏感的奥黛丽已经觉察到了什么。她知道自己一定病得很严重，甚至怀疑自己染上了贫困部落的某一种非常可怕的传染病。

为了能使她脱离生命危险，医生不得不使用了一种药效非常猛烈的抗生素，这也让奥黛丽承受了很大的痛苦。回想起那种煎熬，奥黛丽心有余悸地说："我保证无论如何都不会在任何人的劝说下服用那种抗生素了。"

吃饭本是每个人生命中最寻常的事情，但是病重的奥黛丽却被剥夺了这个最基本的权利。要想治愈癌症，她必须完全不经过消化道吸收营养，而是通过静脉注射一种黄色的营养液来维持每天所需的能量。

她曾经为了孩子们能够吃饱饭而奔波，当孩子们终于有饭吃的时候，她自己却无法进食了。她曾经把在非洲拍下的照片带给家人、朋友看，那些徘徊在死亡边缘的孩子甚至因为严重脱水而不能直接进食，只能暂时通过静脉点滴维持生命。而此时的奥黛丽，竟然也成了他们中的一员。

为了能治愈奥黛丽的病，她的家人、朋友和医生们想尽了各种办法。手术后，她一直静养着等待伤口的愈合，之后再进行化学治疗。她的家人做了一个时间表，每个时间段都有人轮流去陪伴她。

肖恩经常是在早晨看望母亲。离开医院回到办公室后，他总是赶快把最紧急的事情处理好，然后开始查阅各种关于癌症的资料，并给每一个癌症康复中心打电话，了解最新的研究信息和最科学的治疗方法。然而，结果令他失望。因为那时候癌症治疗中最普遍的方法就是化疗，那也是从 20 世纪 60 年代就开始使用的，而且 30 年以来，人类与癌症的抗争几乎没有什么进展。

20 世纪 60 年代，那似乎是一个非常遥远的年代了。他简直不敢相信这样的事实，想到躺在病床上的母亲，身为长子的肖恩心如刀割。

在洛杉矶，奥黛丽最好的朋友就是康妮·沃尔德了，每次到洛杉矶来，她都会住在康妮家里。在医院静养了一个星期后，奥黛丽被家人接到了康妮的家中。在这里，奥黛丽就像在自己的家一样。

第一次来洛杉矶的时候，奥黛丽还是一个初出茅庐的小姑娘。那时候她刚刚拍完《罗马假日》，美好的年纪，美好的前程，眼前一片繁花似锦。也是在那时，她认识了康妮。后来，康妮嫁给了杰瑞·沃尔德—— 一名高产的很有创造力的电影制作人。

和康妮在一起是非常快乐的。两个人的丈夫、孩子也都其乐融融，就像一家人一样。她们曾常常一边一起做饭一边大声地取笑对方。康妮叫奥黛丽"卢比"，这是当时热播的电视剧《楼上楼下》中一个女仆的名字，性格颇为粗暴。而奥黛丽也不会示弱，总会开心地笑着回击。

那些美好的过往，就像一朵朵绚丽的烟花一般绽放在昔日的岁月里。这一次来康妮家，奥黛丽已经没有了以往的活力，死亡的阴影让每一个人都感到沉甸甸的悲痛。不过，在这里能喝到康妮亲手熬制的鸡汤，能听到最温暖的鼓励话语，奥黛丽感到了难得的轻松与平静。

康妮的家就像一个温暖的避风港，让孱弱的奥黛丽在这个喧嚣的世界得到了一份久违的安宁。

休养了几天后，奥黛丽接受了第一次化疗。这一次很顺利，没有任何副作用。她的精神好了不少，家人都觉得她可以顺利地在一周之后进行第二次化疗。

然而，这样的状态没有持续几天，奥黛丽的回肠就发生了梗阻，剧烈的疼痛让奥黛丽几乎昏厥，即便服用了止疼药，那揪心的疼痛还是没有得到抑制。

　　奥黛丽被病痛折磨着，而她的家人同样承受着巨大的痛苦。白天，他们会陪着她在游泳池旁边小心翼翼地散步，晚上便围坐在她的床边，陪她一起看电视，有时候是轻松幽默的肥皂剧，有时候是科学探索频道的纪录片。奥黛丽很喜欢这两类节目，因为肥皂剧会让她感到轻松快乐，纪录片会让她看到这个世界存在的种种奇迹。

　　在化疗之后，医生就一直通知他们要让奥黛丽尽快到医院去，以便于更好的治疗。但奥黛丽不喜欢在医院里，住在那里，仿佛能听见自己生命流逝的声音。她知道自己能在这个世界上停留的时间不多了，剩下的宝贵时间里，她只想好好地和最亲爱的人在一起，过平淡的生活。

　　不过，只要还有希望，大家便决不会放弃。1992 年 12 月 1 日，奥黛丽的家人送她回到了医院。病痛的折磨让本来就非常消瘦的她更加憔悴不堪，整个人几乎只剩下一副骨架。

　　肖恩回想起来非常沉重地说："这一天是我生命中最沉重的一天。……母亲转过身来看着我，眼眶里充满了眼泪，她非常用力地拥抱我，我能听见她的啜泣声。母亲在我耳边轻轻地说：'肖恩，我非常害怕。'我就那么站着，用我全部的力气把她抱在怀里，但是心里却一阵阵的无力。"

　　在母亲面前，每一个人都是孩子。然而有一天，母亲也会衰老，也会生病，那时，她会像小时候的我们一样，就像一个需要保护的孩子。当她将要离开这个世界的时候，已经长大的孩子却只能眼睁睁地看着母亲的生命一点点流逝。那是世界上最痛苦的事情。

肖恩安慰母亲说："一切都会好起来的，没有什么大不了的，我会一直陪着你渡过这些困难的。"在肖恩的记忆里，这是母亲唯一一次在他面前那么真实地表现出她的恐惧。

曾经，奥黛丽也非常坦然地谈过关于生死的问题。只是那时她还很健康，"死亡"还只是一个非常遥远的概念。然而当死神真的向她袭来，她才发现，其实自己对这个世界还有很多眷恋。

死亡本身并不痛苦，痛苦的只是等待死亡的过程。其实人们不是害怕死亡，只是因为舍不得。舍不得那些深爱自己的人，舍不得那些自己牵挂的人。亲情、友情、爱情，每一份感情都像一条细细的丝线，从心底引出，系着美好人间。

_ 最后一滴泪水

自从奥黛丽成名后，狗仔队就疯一般地闯进了她的生活。多年来，她经常被狗仔队围追，她的两个儿子也不例外。

在她生病的时候，外界已经听说了一些捕风捉影的消息。这马上又激起了狗仔队的热情，他们甚至守在康妮家的门口，专等奥黛丽出现。

送奥黛丽回医院的那天，为了能避开狗仔队们的骚扰，肖恩想了一个办法。他决定开着那辆1973年出厂的白色敞篷车送母亲去医院，他和妻子坐在车里，奥黛丽躺在车的后座上。狗仔们绝不会相信奥黛丽竟乘坐这样一辆老迈破旧的车出去。

他们的冒险成功了。那些还眼巴巴地等待奥黛丽出现的狗仔队眼看着肖恩开车离开，然后继续守在那里，没有任何人跟踪他们。

媒体常常喜欢夸大事情来吸引观众。奥黛丽生病的消息传出来后，便经常有一些不负责任的小报编造"奥黛丽·赫本病危"的谣言，这让奥黛丽和家人都非常生气。

在医院里，奥黛丽再次接受了手术，她的家人在候诊室里紧张地等待着。手术开始还不到半个小时，医生就把他们叫进了紧挨着手术室的手术准备室。医生告诉他们，癌细胞繁殖得非常快，现在他已经无能为力了，手术无法进行下去，只能将刀口缝合。他告诉他们，奥黛丽已经没有多少时间了，让他们做好心理准备。

听到这些话，大家几乎停止了呼吸，停止了心跳。巨大的悲痛在房间里弥漫着，那样一个近乎完美的人，竟然就要离开这个世界了！

罗伯特不由自主地呢喃："多好的一个人啊。"他是奥黛丽的灵魂伴侣，即便是最后一刻，他也会陪着她，守着她。只是，这悲痛来得太突然。他知道奥黛丽的病情并不乐观，但是万万没有想到，生离死别，竟然这么快就要来临。

肖恩想到母亲应该从麻醉中醒过来了，便做了个深呼吸，稳定了一下情绪后推开了特别病房的门。母亲就那样平静地躺在那里，安静、祥和，似乎看不到任何对死亡的恐惧。然而她的确就要离开这个世界了。

看到儿子坐在自己的病床边，奥黛丽微笑着告诉他，刚刚有几个疯狂的妇女来过，她们把她摇醒之后问她是否参加了总统大选的投票（那时候克林顿已经成为新一任的美国总统）。奥黛丽告诉她们，她不是美国公民，并没有选举权。然后又有一个医生讲师带着他的学生来了，那群年轻的未来医生对着奥黛丽的刀口指指点点。

在这个时候，奥黛丽最需要的是安静。但是医院似乎永远不能安静下来，那里总是弥漫着消毒水的味道，病床或者手术台上总会有生命悄然逝去，还有嘈杂的人群、匆忙的脚步声，那些对于奥黛丽的病情来说无异于雪上加霜。

听到母亲的话，肖恩气愤极了，但是理智告诉他，那并不是该生气的时候。他之前和母亲有过约定，不管是什么样的结果，都会在第一时间告诉她。尽管这个结果是沉痛的，但他还是会履行诺言。

当儿子将医生的话告诉自己时，奥黛丽非常平静，只是淡淡地说了一句："有点让人失望！"这样的结果，似乎早已在她的预料之中。她也曾有过那么一点点的希望，只是这希望破灭得太彻底。她知道，生命的烛火，马上就要熄灭了。

肖恩握着母亲的手，他第一次感到自己的力量原来如此的渺小："从某种意义上说，那一天就是母亲去世的日子。我们一起平静地坐在那间特别病房里，手握着手，谁都没有说话，但心里想着同样一个问题。"

奥黛丽的生命只剩下两个月的时间了。这两个月是痛苦的，但也是幸福的。每个人，都会珍惜这仅有的时间。每一天，每一分钟都显得那样宝贵。

剩下的宝贵时间，奥黛丽希望能回到瑞士的家里度过，在那里度过生命中的最后一个圣诞节。然而，她的身体已经非常孱弱，再做洲际旅行简直难上加难。正在他们一筹莫展的时候，奥黛丽一生的挚友休伯特·纪梵希派人送来了自己的私人飞机。

这让每一个人都非常欣喜。奥黛丽得知后，感动得流下了眼泪，她赶紧让肖恩拨通了纪梵希的电话，接通后，她又激动得说不出话来，只是用法语不停地说着："休伯特，我太感动了。"

挂掉电话后，奥黛丽兴奋得像个孩子一样。她激动地告诉肖恩："他对我说，在他生命中，我意味着全部。"

这份友谊从奥黛丽年轻的时候开始，在工作上他们是最好的搭档，在生活中他们是最好的朋友。两颗同样光芒闪烁的星，一个在影视界，一个在时尚界，即便奥黛丽退出了影视圈，她和纪梵希的友情依然保持着。

圣诞节终于来了，奥黛丽一家人像往年的圣诞节一样举行圣诞晚餐，所有的亲人和朋友也都来了。晚餐后，奥黛丽走下楼，大家在一起交换礼物。奥黛丽没办法出去买礼物，只好把一些旧礼物拿出来。有一条围巾、一件毛线衫和一支蜡烛。那个场面是令人感动的，也是弥足珍贵的。每个人都知道，这将是最后一次和她过圣诞节了。

之后，奥黛丽读了一篇曾经在联合国儿童基金会演讲时用过的短文，文章是幽默作家兼广播电视名人萨姆·莱文森在他的孙女出生时写的。因为他的年龄，无法看到孙女长大的那一天了，所以他需要留下一些智慧给孙女。奥黛丽把这篇短文编辑成了一首诗，并且加了个标题——永葆美丽的秘诀。

魅力的双唇，在于亲切友善的言

可爱的双眼，在于看到别人的优点

苗条的身材，要肯将食物与饥饿的人分享

美丽的秀发，因为每天有孩子的手指穿过它

229

优雅的姿态，来源于与知识同行

人之所以为人，是必须充满精力、自我反省、自我更新、自我成长

而并非向他人抱怨

请记得，如果你需要帮助，请从现在善用你的双手

随着岁月增长，你会发现，你有两只手，

一只帮助自己，一只帮助他人

你的"美好的流金岁月"还在你的前方，希望你能拥有

她的声音依然那样动听。这首诗仿佛就是奥黛丽的化身，每一句，她都切切实实地做到了。如果一个女子能把这首诗中的每一句话都做到，那么也可以像奥黛丽那样优雅动人了，只是，能够完全做到的，有几人呢？

在瑞士，他们依然常常遭到狗仔队的骚扰。所以奥黛丽从不踏出家门。狗仔队甚至试图通过篱笆偷拍奥黛丽在花园散步的镜头，为了能更多地拍摄到奥黛丽，他们甚至租了一架直升机，不时地从他们家的房子上空掠过。

正在散步的奥黛丽没想到他们会采用这样的方式，所以第一次那些狗仔队成功了。这件事让奥黛丽非常生气，每天，她都会用 20 分钟的时间在花园里散步，这短暂的 20 分钟也是她的精神支柱。花园里有新鲜的空气，有乡村的味道，牛铃声和树叶摇曳的声音像是一首动人的歌，阳光穿透薄雾，一种生命的力量在悄悄萌动着。

有一次散步的时候，奥黛丽看着花园里的树，向身边的儿子肖恩

说："这棵树未来几年应该长得不错，不过那些比较高大的杉树需要修剪一下，否则那些较长的树枝在冬天就承受不住雪的重量了。"

这句话一直深深地印在肖恩的脑海里，在她去世后，肖恩总是非常认真地打理那些树，他知道，那是母亲生前心爱的东西。

她还养着一只约克夏小狗。多年来，她养过的狗不计其数。而她的儿子肖恩养了两只体型较大的狗——一只是黑色的长耳猎犬，另一只是混种狗。她常常担心那两只大型犬会吞掉自己的小约克夏狗，"就像吞汉堡一样"。

时间就像沙漏里的沙子簌簌落下。那些最平凡的日子，每一天都是格外珍贵的。奥黛丽的生命正在一点点消融着。

诺贝尔和平奖得主特蕾莎修女知道奥黛丽病危的消息后，马上号召所有的修女彻夜为奥黛丽祈祷，希望奇迹出现。

然而，这并没有挽回奥黛丽的生命。

1993 年 1 月中旬，奥黛丽的病情加重了。她一直沉睡着，在最后两天，每天只能清醒几分钟。大家都知道，这是奥黛丽在人间停留的最后时间了。她就那样静静地躺着，金色的阳光照在她安详的脸上。那张美丽而慈爱的面庞，让人无法把她和一个身患绝症的病人联系在一起。

她的家人彻夜守着她。在半夜的时候，她忽然醒了过来。这是非常宝贵的时间。肖恩问母亲有没有什么遗憾，奥黛丽回答说："没有，我没有遗憾，……我只是不明白为什么有那么多儿童在经受痛苦。"

这是奥黛丽生命里留下的最后的话。即便是在生命的最后，她依然惦念着那些贫苦儿童。

1993 年 1 月 20 日，这位美丽的天使安详地闭上了眼睛。在她离世的时候，她的身边刚好没有人，大家正在楼下讨论墓地的问题。忽然楼上的通话器响了，是跟随奥黛丽 35 年的女仆兼朋友吉奥瓦娜，她只说了一句"快来"，大家已经意识到了什么，赶紧跑上楼。

美丽的天使已经离开了。她在微笑着，嘴唇微微张开。眼角，有一滴晶莹的泪珠闪着光，仿佛是一颗美丽的钻石。

有人说，人会在自己爱的人暂时不在的时候才选择死亡。奥黛丽的确是这样的。

奥黛丽的世界结束了。然而，关于她的故事远远没有结束。她留给世界的宝贵财富，将是永恒的。

天使回到了天国

奥黛丽去世了，就像一个美丽的天使悄悄飞离了人间，回到了天国。

生前，她曾经向家人说起希望能土葬。她一直很遗憾于母亲的火葬，以至于孩子们没有一个地点去看望她。肖恩选好了墓地，那将是奥黛丽永远的归宿。

已经80岁的牧师为奥黛丽祈祷着，每个人都在流泪。肖恩想起医生预计的时间，才意识到母亲并没有坚持完最后的一个月。有人为奥黛丽拭去了眼角的泪水，整个房间里都挤满了她的亲人、好友，但是她却再也不能睁开眼睛看看他们。

医生来确认了奥黛丽的去世后，肖恩给父亲梅尔打了电话。梅尔和奥黛丽最后一次见面，还是在肖恩的第一次婚礼上。距离那时候，已经过去了 10 年之久。

接到电话的时候，梅尔已经到了瑞士，离奥黛丽的家并不远。得知奥黛丽去世的消息，他立即连夜开车赶过去。当他走进房间，看见那个曾经最心爱的人静静地躺在那里的时候，心里有着深深的刺痛。他还记得那个天真无邪的公主，在他的眼里，她依然是一个缺乏安全感的小女孩。她那样美丽，又那样柔软，让人忍不住生出一种想要保护她的感觉。

梅尔握住奥黛丽已经冰凉的手，轻轻地亲吻了她的额头。然而，奥黛丽永远不会知道了。

奥黛丽的遗体在房间里停放了三天，1993 年 1 月 24 日的清晨，葬礼开始了。

她生前的亲人、好友都来了，包括她的两任前夫——梅尔和安德烈，也包括她最后的伴侣罗伯特。

那一天，由 4 个男人抬着她的棺木走到大街上，穿过小村，走过那些熟悉的小路，一直向教堂走去。走在前面的是梅尔和安德烈，走在后面的是她的灵魂伴侣罗伯特和一生的蓝颜知己纪梵希。

在那个仅有 1200 名居民的小村街道上，竟然聚集了 2.5 万人前来为奥黛丽送行。他们都沉默着，一种巨大的悲伤在人群中弥漫。

值得一提的是，当年与奥黛丽一起主演《罗马假日》的格里高利·派克也来了。对于他的到来，每个人都非常惊讶。晚年的他，几乎从不迈出家门，但是得知奥黛丽去世的消息，他却万里迢迢赶到瑞士参加奥黛丽的葬礼。

已经白发苍苍的派克老泪纵横。他哽咽着说："能在那个美丽的罗马之夏，作为赫本的第一个银幕情侣握着她的手翩翩起舞，那是我无比的幸运。"然后，他低下头在奥黛丽的棺木上轻轻一吻，深情地说道："你是我一生中最爱的女人。"

在奥黛丽的婚礼上，派克曾经送她一枚蝴蝶胸针。多年来，奥黛丽一直把这枚胸针带在身边。2003年4月24日，苏富比拍卖行举行了奥黛丽生前衣物、首饰的慈善义卖活动。那一天，步履蹒跚的派克又一次出现，最终买回了那枚陪伴了奥黛丽40年的蝴蝶胸针。握着胸针，他仿佛再一次牵到了她的手，回到了多年前的那个罗马之夏。

在奥黛丽葬礼举行的那一天，罗马城里同样弥漫着沉沉的悲痛。成千上万的罗马人带着鲜花来到台伯河，遥寄哀思。40年前，那个美丽的公主来到罗马，成就了银幕上的一段经典佳话。人们永远记得她，不管空间的距离，或者时间的距离，他们对她的爱戴永远不会改变。

奥黛丽的一生没有什么遗憾，她唯一未了的心愿就是世界上依然有千千万万的贫苦儿童在死亡线上挣扎。她永远都忘不了濒死的儿童最后的挣扎，更忘不了一个可怜的孩子死在母亲的怀抱中的那一幕。她的内心受到了极大的震撼。

奥黛丽未了的心愿在她的家人心中回旋着。在她去世后，他们所做的第一件事就是在美国建立联合国儿童基金会"奥黛丽·赫本纪念基金"。奥黛丽生前经常向他们提起，非洲的索马里、苏丹、埃塞俄比亚和厄立特里亚这四个国家是最需要帮助的，所以，基金的帮助对象正是这四个国家。一年以后，他们又加上了卢旺达。

如果奥黛丽有知，心中也该欣慰吧。

她为全世界的不幸儿童做出了巨大的贡献，也正是在她的帮助下，成千上万的贫苦儿童的生活得到了保障，甚至可以去上学。

为了表彰奥黛丽为全世界贫苦儿童所做出的努力，美国电影艺术和科学学院将 1993 年度奥斯卡人道主义奖授予了她。然而，奥黛丽却再也不能走上那个象征着崇高荣誉的领奖台。她的奖由她的儿子肖恩代领。

美丽的天使回到了天国，但是她在人间留下了一笔宝贵的财富。银幕上，她的笑容依旧美丽，即便在今天，依然有不计其数的影迷迷恋着她。她的高贵典雅，她的善良坦诚，如同金色的阳光，铺就一段传奇，并成为永恒。

后记

Audrey
Hepburn

奥黛丽热切地爱着这个世界，而这个世界也更加热情地爱着她。我们不能掌握生命的长度，但可以增加它的深度。奥黛丽绚丽的一生如同一场繁花的盛开，即便生命陨落，花香依然追着岁月的蝴蝶飞舞着。

说起奥黛丽，很多人会情不自禁地想到"高贵""典雅"这类词汇。事实上，"奥黛丽"这个名字本身就已经成了一个形容词。

她的风格形成了一种潮流。人们疯狂地模仿她，从穿着到化妆，从说话到走路、到坐姿，甚至养狗的爱好，每一样都成为一种时尚，引领了一股风潮。她的时尚品位始终处在世界的前沿，经历了几十年的时光洗礼，成为经典。

很多明星快速地红极一时后便被世人遗忘，但是奥黛丽却在人们心中成了永恒。年华老去似乎是每一个女人都非常害怕的事情，但是奥黛丽却用事实颠覆了这个公认的"逻辑"。随着年龄的增长，成熟的气质让她拥有了别具一格的魅力，一颦一笑都愈显迷人。

她被人们称为"误落人间的天使"，不仅仅因为她美丽的容貌，更因为她纯善的内心。无论对朋友，还是同事，抑或是陌生人，她总是诚恳而谦逊。在纷繁冗杂的演艺圈里，她是少有的没有负面新闻的影星。

善良是内心深处灵魂的流露。奥黛丽在晚年成为联合国儿童基金会的亲善大使，足迹遍布亚非拉的贫困国家，为那些可怜的孩子们送去温暖与关爱。善良的眼泪，将她那双迷人的大眼睛洗刷得愈加明亮。在孩子面前她不是好莱坞巨星，也不是公主，而是一个母亲，一个深爱着孩子的母亲。

奥黛丽说："随着岁月增长，你会发现，你有两只手，一只帮助自己，一只帮助他人。"其实，奥黛丽需要别人帮助的时候并不多，很多时候，都是她在帮助别人。

那个美丽的天使已经离开我们很多年了。然而，我们却依然能感受到她的存在。她在人世间留下的美丽足迹，将是人们永恒的怀念，一点一滴，一颦一笑，每一个细节都是那样弥足珍贵。